누구나 쉽게 따라 할 수 있는 재테크

부동산 투자

누구나 쉽게 따라 할 수 있는 재테크

부동산 투자 術

진우(眞友) 지음

 지상사 Jisangsa

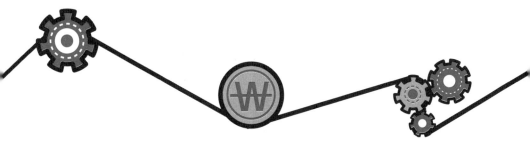

서문

물고기 한 마리 얻게 되면 하루를 살 수 있지만
물고기 잡는 법을 터득하면 평생을 스스로 살 수 있다

 사람은 누구나 풍요롭고 행복한 삶을 원한다. 그러나 인생을 살다보면 풍요로움과 행복감보다는 걱정과 불안감에 휩싸여 있을 때가 점점 더 늘어나게 된다. 실직에 대한 두려움, 질병에 대한 두려움과 그로 인해 발생하는 문제들에 대한 걱정, 투자 실패에 대한 두려움, 인간관계로 인한 고통 등 삶에 있어서 고민과 걱정의 종류는 실로 다양하다.

 이처럼 많은 걱정과 불안감은 인간이 살아가면서 피할 수 없는 요소처럼 보이지만 이를 깊이 들여다보면 그것을 야기하는 대부분의 문제들이 우리가 경제적 자유 상태에 있지 못하는 데서 기인한다는 것을 알 수 있다.

경제적 자유를 달성해야 삶의 진정한 목적인 행복

현시대를 사는 대다수의 사람은 생계 해결을 위해 자신의 대부분의 시간을 투자함에도 불구하고 그러한 상황을 벗어나기는 더욱 요원해 지고 있다.

자본주의 시스템이 의해 자산과 물가는 계속 오르고 있지만 상대적으로 소득은 매년 줄어들어 부익부 빈익빈富益富 貧益貧 상태가 전 세계적으로 더욱 심화되고 있기 때문이다.

물론 돈과 물질적 풍요가 우리 삶의 전부가 아니며, 그것만으로 인간의 진정한 행복과 만족감을 채울 수 없다는 것은 엄연한 사실이다. 그러나 인간은 생존과 관련된 문제에 봉착해 있는 동안은 좀 더 고매하고 고차원적인 생각과 행동에서 비롯되는 진정한 행복과 성장을 이루기란 거의 불가능하다.

우리가 처해있는 이러한 전 지구적인 현실과 개개인의 상황을 타개하기 위해서는 건전한 비판과 개선의 노력은 반드시 필요하다. 하지만 오직 불평과 불만만을 늘어놓는 행위는 문제를 해결하는데 오히려 방해가 될 수 있다.

어떤 상황에 대한 부정적인 마음이 우리 내면에서 점점 더 커지게 되면 문제의 원인을 타인으로 돌리게 되거나 종국에는 상황을 개선하려는 자신의 의지마저 꺾이게 되기 때문이다.

걱정과 불안은 그 문제를 정면 돌파하겠다는 인간의 신념과 행동 앞에서는 힘을 쓰지 못하는 법이다. 강한 신념은 성공으로 가는 과정에서 마주치게 되는 시행착오나 실패도 거뜬히 이겨낼 수 있게 해주며, 그러한 시행착오와 실패를 좀더 긍정적이고 편안하게 받아들일 수 있게도 만들어준다. 이렇게 자신의 삶 전체를 수용하고 자신의 목표를 위해 주어진 여건과 상황에 맞는 꾸준한 노력을 기울인다면 이루지 못할 일은 없다.

인간이 세상에 태어나서 부를 이루고 경제적 자유를 이루기 위한 궁극적인 목적은 그것을 과시하고 남들보다 우위에 서기 위한 것이 아니라, 삶의 진정한 목적인 행복하고 풍요로운 상태로 존재하기 위함이다. 그러므로 사람들이 자신의 의지와 노력으로 부를 이루고 경제적 자유를 달성해야 하는 것은 일종의 의무이자 권리가 아닐까 생각한다.

필자는 현재 직장을 다니고 있는 투자자다.

처음 부동산 투자를 시작했던 30대 초반에는 간절하고 절박한 마음으로 투자를 시작했지만, 이제는 여러모로 좀더 여유롭고 편안한 상태에서 투자를 할 수 있게 된 지금에 늘 감사하는 마음을 가지고 있다.

과거보다 경제적으로 여유로워진 후 크게 달라진 점은 물질적인 여유보다는 정신적인 여유로움인 것 같다. 무엇보다 내가 원하는 무언가를 하기 위해 타인에게 아쉬운 소리를 할 필요가 없어졌다는 것, 회사에서든 친구에게든 그리고 부모님에게든 좀더 당당하게 나를 보여줄 수 있다는 것, 무엇보다 나 자신에 대한 자존감이 올라가고 삶 그 자체에 대해 좀더 너그럽고 긍정적인 시각을 갖게 되었다는 것 등이 가장 큰 변화라고 할 수 있겠다.

필자가 부동산 투자에 성공했다는 소식을 전해들은 혹자는 운이 좋았다고 칭찬을 하기도 한다. 물론 운이 따르지 않았다면 좋은 결과를 낼 수도 없었겠지만, 필자가 새로운 것에 도전하고 움직이고 실행하지 않았다면 그러한 운이 따라 왔을지는 의문이다. 운이라는 것은 자신의 신념대로 살아가고 실행하는 사람에게 단지 보너스로 따라오는 요소라고 생각한다.

필자가 부동산 투자를 시작하게 된 이후, 주위 사람들 중에는 자신도 투자를 하고 싶은데 앞으로 집값이나 땅값이 오를 지역을 좀 알려달라고 요청을 하는 이들이 많아졌다.

이런 요청을 받으면 필자는 아는 범위에서 최대한 상세히 상담을 해주곤 한다. 하지만 필자의 이야기를 듣고도 실제로 행동을 하는 이들은 그리 많지 않았다. 그것은 필자의 말을 그들이 의심해서 그런 것이 아니다. 타인에게 들어서 알게 된 정보나 지식은 온전히 자신의 것이 아니기 때문에 그것을 실행에 옮길 수 있는 자기 확신과 행동력이 떨어지기 때문이다. 누군가에게 전해들은 지식만으로는 투자에 있어서 분명 한계에 봉착하게 된다.

투자로 성공하고 싶다면 타인에 의한 정보뿐 아니라 관련 분야에 대해 스스로 공부하고 고민하는 시간이 꼭 필요하다. 즉 보고 들은 지식은 스스로 확인하고 검증하여 온전히 자신의 지식과 지혜로 만들어야 한다는 것이다.

스스로 공부하고 고민하고 시간
부동산 투자자로서 지혜와 통찰력

이 책은 어디에 어떻게 투자하면 돈을 번다는 내용을 전달하기보다는 궁극적으로 독자들이 부동산 투자자로서의 지혜나 통찰력을 스스로 갖추게 되는데 좀더 큰 목적을 두었다. 나아가 부동산 투자가 처음이거나 그동안 투자에 대한 열망은 있었지만, 아직 투자의 방향성을 잡지 못하고 있는 이들에게 조금이나마 도움이 될 수 있도록 필자의 투자 경험과 소견을 기초로 구성했다.

제1장에서는 여러 가지 투자 방법 중에서 우리가 왜 부동산 투자에 집중해야 하는지에 대한 내용을 중심으로 기술하였고, 이어 제2장은 돈과 투자에 대한 생각과 사고방식의 전환을 통해 부동산 투자에 대한 실질적이고 효과적인 학습 방법에 관하여 기술하였다. 제3장에서는 부동산 투자에서 가장 핵심이 되는 요소와 내 집 마련으로부터 시작해 월세 받는 직장인이 되기 위한 단계별 투자 전략 등에 관하여 필자의 실제 투자 경험들에 비추어 기술해 보았으며, 제4장에서는 토지와 재개발, 재건축에 관한 내용을 중심으로 다양한 실전 투자 방법과 투자 시 주의해야 할 사항 등에 관하여 기술하였다. 끝으로 제5장은 경제적 자유를 이루기 위한 첫 단계로써 내 집 마련과 자신의 미래와 노후 대비를 위한 부동산 투자의 중요성을 다시 한번 강조하며 글을 마무리 하였다.

'인생의 모든 일은 자신이 마음먹기에 달려있다.'

'어떤 일을 성취하기 위해서는 자신의 신념이 곧 자기 자신임을 믿어야 한다.'

한 해 한 해 인생을 살면서 이 단순한 명제들이 진정한 삶의 진리라는 것을 다시금 깨닫게 된다. 누군가가 잡은 물고기를 한 마리 얻게 되면 하루를 살 수 있지만, 물고기 잡는 법을 터득하면 평생을 스스로 살 수 있다.

부디 이 책을 읽는 모든 독자들은 운 좋게 물고기 한 마리를 얻은 투자자가 아니라, 물고기 잡는 법을 터득한 진짜 투자자가 되어 경제적 자유를 누리는 삶을 사시기를 진심으로 바라마지 않는다.

끝으로, 이 책이 있기까지 주위에서 많은 격려와 도움을 준 친구들과 지인들, 뒤에서 항상 응원해 주고 오늘의 내가 있게 해준 가족들에게 감사하는 마음을 전하고 싶다. 특히 독자 입장에서 이 책의 감수를 적극적으로 도와준 소중한 친구 라헬에게 다시 한번 감사의 인사를 전하고 싶다.

차례
C O N T E N T S

PART 3

월세 받는 직장인이 되는 부동산 재테크 기술

PART 4

직장인 투자자를 위한 부동산 실전 가이드

PART 5

당신도 부동산 투자로 부의 선을 넘어라

직장인에게
가장 좋은 투잡은
부동산 재테크다

PART 1 직장인에게 가장 좋은 투잡은 부동산 재테크다

월급만으로 미래와 노후는 없다

적금으로 부자가 된 사람은 없다

열심히 살아온 당신, 왜 아직 부자가 아닌가?

로또 살 시간에 종잣돈을 모아라.

주식이냐, 부동산이냐, 이것이 문제로다

부동산은 왜 계속 오를까?

직장인 당신이 부동산에 투자해야 하는 이유

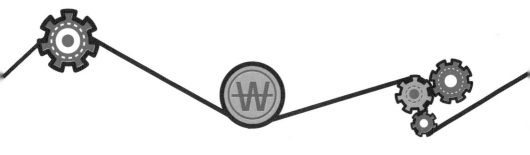

월급만으로 미래와 노후는 없다

"너 그 이야기 들었어? 이번에 김 과장이 특별보너스 대상자라고 하던데."

"뭐? 그 사람 팀장한테 아부만 하는데 왜지? 게다가 윗사람에게 눈에 띄는 일만 골라서 하고, 나머지 일은 정말 엉망이라고 생각하는데."

"그나저나 김 과장은 좋겠다. 이번에 1천만 원을 더 가져가겠네. 부럽다. 어휴~"

직장에서 연말 평가 시즌이 되면 시기와 부러움이 있는 대화가 종종 오간다. 대부분의 직장인은 연말이 되면 올해는 누가 어떤 평가를 받고, 성과급은 얼마를 받는지 큰 관심사다. 자신 역시 연말 보너스를 받고 내년 연봉도 인상되면 뭔가 뿌듯하고 한 해를 잘 살아왔다는 느낌이 들 것이다.

그러나 늘 성취감과 만족감을 느끼며 일하는 직장인은 찾아보기 어렵다. 오히려 현실은 자신의 노력에 비해 회사의 보상이 박하고 복지후생 지원도 부족하다고 느끼는 경우가 더 많다. 또한 능력이나 성과에 상관없이 늘 마음 한 편에 실직이나 퇴직 이후의 삶에 막연한 두려움을 안고 산다.

직장인에게 주어지는 가장 큰 현실적인 고민은 언제까지 안정적으로 직장을 다닐 수 있는지가 아닐까? 직장을 다니는 동안 다행히 개인 신상에 별다른 문제가 발생하지 않고, 나름 능력도 인정받으면 이러한 걱정과 두려움이 조금은 줄어들 것이다.

그러나 공무원이나 공기업처럼 정년이 보장된 곳이 아니면 현실적으로 정년까지 순탄하게 직장생활 하는 게 결코 쉽지 않다. 설사 정년까지 직장생활 하는 좋은 조건에 있어도 갈수록 낮아지는 연봉인상률, 점점 가중되는 사회적 소득차이 등 때문에 월급만으로는 미래가 불투명하다.

신입사원 시절 첫해, 부서 팀장인 K부장이 퇴사를 하게 되었다. 당시 나는 그분의 사직 이유에 대한 내막을 자세히 알 수 없지만, 당사자의 실책보다 운이 나쁘게도 팀 내 프로젝트에서 발생한 예기치 않은 문제 때문에 책임자로서 권고사직을 당한 것이라고 들었다. 그분은 25년 이상 한 회사에서 성실히 근무했지만, 퇴직 이후의 삶을 미리 대비하지 못했고 재테크도 문외한이어서 집 한 채 빼고 여타 다른 재산은 거의 없는 상태였다. 예상하지 못한 갑작스러운 해

고였기에 퇴사 후 삶에 대해 많은 고민을 하던 그분의 모습이 아직도 기억에 생생하다.

직장인이라면 이와 같은 경우를 한 번쯤 목격했거나 직접 경험했을 수 있다. 안타깝지만 직장생활은 시한부 인생이라는 것을 인정해야 한다. 당신이 회사의 오너가 아닌 이상 시기의 문제일 뿐 직장생활을 마무리해야 하는 날은 반드시 온다. 이러한 현실을 되도록 빨리 직시해야 하루라도 빨리 퇴직 이후의 삶을 준비할 수 있다. 자신은 아직 괜찮다는 착각에서 벗어나야 한다.

더구나 20~30대는 젊고 아직 직장생활을 할 시간이 많이 남아있어 천천히 고민해도 된다고 생각한다. 40~50대 역시 퇴직 후의 삶을 막연하게 걱정하지만 평소 업무에 몰입하여 살다보면 진지하게 고민하기가 쉽지 않다.

아직도 직장생활에 대해 이런 생각을 가지고 있다면, 지금 당장 본인의 연봉에 물가 인상률을 대입해서 앞으로 10년간 받을 금액이 얼마인지 계산해 보자. 과연 생활비를 제외하고 10년 후에 모은 돈은 얼마나 될까? 그 돈으로 직장 근처에 내 집 장만이 가능할까? 더 정확한 실상을 파악하기 위해 자신보다 10년 위 직장 상사의 재산 현황에 대해 직접 인터뷰를 해보자.

내가 예상하는 인터뷰의 결론은 당신의 선배가 기혼이고 아이가 있는 사람이라면 월급은 그냥 통장을 스쳐 지나간다고 말할 확률이 매우 높다. 또한 결혼 후 부모에게 금전적 지원을 받지 못했다면 아마도 아직 집 장만은 못했을 가능성도 높다.

나는 대학을 졸업하고 2001년에 취업을 했다. 당시 IMF 외환위기의 상처가 아직 남아 있던 상황이라 졸업생들의 취업이 녹록치 않았다. 이미 취업이 확정된 신입사원들도 한동안 입사 대기 상태로 묶여있던 상황이었다. 이런 국내 경기상황에서 취업한 나는 큰 행운이라고 생각했다. 하지만 실무 교육을 받고 현장 업무를 처음 접해보니 실제 업무 강도가 가히 살인적이었다.

지금은 주 52시간제가 차츰 정착되고 있지만, 당시의 노동 환경은 회사 규모와 업종에 무관하게 야근이 당연한 것으로 받아들이는 분위기였다.

게다가 야근 수당 역시 제대로 지급되지 않는 것이 관행처럼 굳어 있었다. 그러나 대부분의 직장인은 열악한 근무 환경에도 대안이 없는 한 생존을 위해서 직장생활에 충실해야 했다.

지금은 대부분의 기업이 당시에 비하면 확실히 근무 환경과 처우 조건이 향상되었지만 직장인의 삶이 더 풍요롭고 편안해졌다고 느끼지 않는다. 오히려 집값 폭등과 낮은 은행 예금금리, 물가 인상률에 못 미치는 소득 등으로 더 힘들어졌다는 이야기를 많이 듣는다.

부동산 시세 뛰고 물가 상승
월급만으로 부자 되기 요원

돌이켜보면 나는 사회적인 위치나 명예보다 부자가 되고 싶은 생각을 더 많이 하면서 살아왔던 것 같다. 이유는 돈 버는데 내 시간과 에너지를 조금 덜 쓰고, 내가 하고 싶은 것과 자아실현에 집중하면서 살고 싶었기 때문이다. 그러기 위해서 경제적인 자유가 꼭 필요한 것이었다.

하지만 직장생활을 시작해 보니 실제 현실은 냉혹하고 생각과 달리 정반대로 흘러간다는 것을 바로 깨달았다. 다람쥐 쳇바퀴 도는 것 같은 직장인의 삶을 하루빨리 그만두고 싶었지만, 직장에서 벗어나 자유로운 삶을 위한 충분한 소득을 창출할 어떤 것도 없었다. 16년간 받은 학교 교육은 사실상 취업을 위한 것이고, 게다가 나는 이제 갓 사회에 나온 햇병아리였다.

그런 내가 어느 날 갑자기 자영업에 뛰어들거나 사업가로 변신하는 것은 당시에 상상하기 힘들었다.

당시 나는 '작전상 후퇴'라는 심정으로 현실을 받아들여야 했다. 그렇게 시간은 흘러 직장생활에 적응을 했고 가끔 성취감도 느끼면서 소위 평범한 직장인이 되었다.

그러나 근무 연차에 비례해 경제적인 삶의 질이 나아졌다는 느낌은 크게 들지 않았다. 월급의 대부분이 월세와 은행 적금에 들어간 이유도 있지만, 연봉 인상은 물가가 오르는 수준에 항상 못 미쳤고 특히 전·월세와 집값은 물가가 인상되는 것에 비해 훨씬 더 많이 오르는 상황이 계속되었기 때문이다.

직장에서 인정받는 '회사형 인재'라면 보통의 직장인이 겪는 고용 불안이나 실직 등과는 상관이 없다고 생각할 수 있다. 하지만 '회사형 인재'도 직장생활의 끝은 예외가 아니다.

직장 일에 올인하며 살다가 스트레스나 과로로 건강상의 문제가 생기거나, 개인사 혹은 예기치 못한 구조조정 등으로 실직되는 경우도 여럿 보았기 때문이다.

분명한 사실은 직장이 있기 때문에 안정적인 생활을 누리는 만큼 무엇보다 직장에 감사한 마음을 가져야 한다. 또 직장에 소속된 동안은 자신의 능력을 최대한 발휘해 맡은 일을 성실히 수행할 의무가 있다.

하지만 경제적 환경은 직장과 근로자 간의 계약과 약속이 안정적으로 이행되기 어렵게 빨리 변한다는 점이다. 설사 노사 간 약속이 잘 이행돼도 퇴직 이후의 안정적인 삶을 담보해 주지 못하므로 이에 대한 대비를 지금이라도 시작해야 한다.

월급만으로 살아가는 직장인은, 월급이라는 산소마스크를 벗으면 생명이 위태로운 시한부 삶을 사는 것이다. 사회 초년생일수록 이 사실을 하루빨리 절실하게 받아들였으면 한다. 이들은 기성 직장인에 비해 더 많은 기회와 가능성이 존재하고, 그만큼 미래를 준비할 수 있는 시간이 많기 때문이다.

타인이 만든 삶의 방식을 답습하면 비슷하게 살 수밖에 없다. 삶은 다른 누군가가 아닌 스스로 주도적으로 만들어야 한다. 지금보다 훨씬 더 풍요로운 미래를 꿈꾸고, 나아가 실현하는 삶을 선택해야 한다.

"생각하는 대로 살지 않으면 결국에는 사는 대로 생각하게 된다."

-폴 부르제-

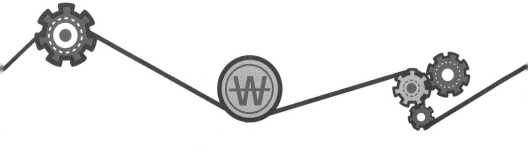

적금으로 부자가 된 사람은 없다

　　과연 적금을 부어 부자가 된 사람 있을까? 지금 2030세대에게 이 질문을 한다면, '무슨 질문 같지 않은 말을 하십니까?' 반문할지도 모르겠다. 지금과 같은 저금리 시대에 적금 이자로 부자가 되는 게 불가능하다고 그들도 잘 알기 때문이다.

　　2020년 기준 제2금융권의 예·적금 이자율이 평균 2% 수준이고, 정상적인 경기호황 때 소비자물가 상승률이 평균 2~3% 수준을 감안하면 적금을 하면 할수록 맡긴 돈의 가치는 점점 더 떨어진다고 볼 수 있다.

　　하지만 우리나라 경제가 급성장하던 1980년대는 은행 예금이자율이 15~25%인 때도 있었다. 자산 3억 원을 보유한 경우, 당시의 은행 이자율로 치면 연간 약 450만 원의 이자 수입이 생긴다는 의미다. 1980년대 당시의 450만 원을 2020년 현재의 물가 수준에 맞춰 계산하면 약 2천만 원의 가치로 산정되는데, 1980년대 초 서울 주요 지역의 20평형 아파트 1채가 2천~3천만 원 수준이던 것을 감안하면 그때는 정말 적금만 잘해도 부자가 될 수 있었다. 은행 역시 당시에는 기업 대출로 벌어들인 이자수입액이 매우 많아서 개인 예·적금에 많은 이자액을 지급해도 충분히 예대마진을 챙길 수 있었다.

대학 시절 1999년, 나는 호주와 인근 나라를 배낭여행한 경험이 있다. 첫 여행지인 호주에 입국하기 전 호주의 한 은행에 계좌를 개설하고, 현지에서 돈이 필요할 때마다 계좌에서 인출을 했다. 그런데 어느 날 100호주달러를 ATM현금자동입출금기에서 돈을 인출했을 때 수수료 외에 또 다른 명목으로 돈이 자동 인출된 기록을 보았다. 함께 간 지인에게 물어보니 호주은행은 돈을 입금하면 고객에게 이자를 지급하는 것이 아니라 오히려 보관료 명목으로 수수료를 뗀다고 했다. 즉 마이너스 금리의 예금인 것이다. 당시 우리나라보다 훨씬 경제부국이던 호주는 이미 마이너스 금리의 예금이 있었다.

우리나라도 이제 선진국 대열에 들어서면서 경제 성장률 역시 다른 선진국처럼 낮아지고 초저금리 시대로 진입했다. 2020년 5월 기준 한국은행 기준금리는 0.5%다. 은행의 예금금리가 반드시 기준금리와 일치하지 않지만 시간차를 두고 결국 기준금리로 수렴한다. 즉 은행에 1억 원을 예금했을 때 월 이자가 8만 원 정도라는 뜻이다. 이는 왜 우리가 은행에서 벗어나 새로운 재테크 수단을 찾아야만 하는지에 대한 명확한 이유를 제시한다.

그러나 아직까지 주위에는 적금만으로 돈을 모으는 사람이 많다. 왜 다른 재테크 수단을 찾지 않느냐고 물으면, 비록 이자가 많지 않지만 원금과 이자가 확실히 보장되기 때문에 마음이 편해서라고 한다. 그들이 다른 투자 방법을 시도하지 않는 여러 이유가 있지만, 직·간접적으로 경험한 투자 실패로 막연한 두려움을 가지고 있거나 처음부터 투자 자체에 무관심했던 경우가 다수였다.

물론 적금은 원금과 이자가 확실히 보장된다. 하지만 앞으로 물가 상승폭은 은행 이자율을 상회할 것이 거의 확실하기 때문에 시간이 갈수록 돈의 실제 가치는 더 떨어진다는 것이 문제다.

은행 적금의 대안이 될 다른 금융상품의 수익률은 어떨까?

금융기관에서 재테크 상담을 받으면 보통 CMA종합자산관리계좌 통장이나 적립식 펀드, 연말 비과세 혜택이 있는 적립식 상품 그리고 각종 보험상품에 대한 가입 권유를 받는다.

그리고 시중 이자율 변동의 추이에 따라서 '통장 쪼개기'나 '적금 풍차 돌리기' 등 방법을 소개한다. 금융기관의 재테크 컨설턴트가 추천하는 투자 방법에 관해 들으면, 추천상품에 가입만 하면 미래는 더이상 돈 걱정을 하지 않아도 될 것처럼 느껴진다.

금융상품에 투자해서
부자가 된 이야기 드물어

과연 금융상품에 가입하면 정말 원하는 수익률을 얻고 미래를 보장받을까?

나 역시 부동산 투자를 본격적으로 하기 전 금융상품 대부분 한 번쯤 가입한 경험이 있다. 그중 적립식 펀드에 꾸준히 불입해 3년 후에 적립금 대비 30% 정도의 수익을 올렸다. 또 직장인 비과세 적금상품은 연 3천만 원 납입액에 비과세 혜택을 준 덕에 당시 은행 이자율보다 1~2% 높은 수익을 보았다. 결과만 보면 나의 금융상품 투자는 은행의 적금보다 확실히 괜찮은 투자였다.

펀드에서 짭짤한 수익률을 올린 이유는 투자상품을 잘 고른 게 아니라 당시 주식시장이 활황이었기 때문이다. 실제로 주식시장의 급등을 확인한 뒤 펀드를 가입한 사람은 이후 주가 하락으로 큰 손실을 본 사람도 많았다.

'펀드'상품은 남이 대신 해주는 주식 투자인데, 직접 투자와 차이점은 이익이 났을 때 펀드 회사는 나의 이익금의 일부를 당연히 가져가지만 손실이 났을 때는 전혀 책임을 지지 않는다는 점이다. 여러 가지 점에서 볼 때 펀드는 '고위험·저수익 투자상품'이라고 볼 수 있다.

오히려 펀드상품에 투자하느니 차라리 우량주에 직접 투자하는 방법이 더 현명하다.

산업별로 우위를 점하는 코스피의 우량주는 중소형 종목이나 코스닥 종목에 비해 유동성 리스크가 낮아 중장기적으로 투자하면 안정적으로 수익을 올릴 수 있다.

그러나 우량주에 직접 투자 역시 주식 투자의 근본적 위험성을 피하는 것은 아니다. 주식 시장의 변동성은 예측하기 힘들어 전 재산을 투자하거나 '묻지마'식 투자는 절대 금물이다.

이자율이 상대적으로 높고 세제 혜택도 주는 '직장인 비과세 적금'은 어떨까?

통상적으로 적금상품은 만기 때 이자소득 세율이 15.4%인데 비해 직장인 비과세 적금은 연간 총 3천만 원 한도 내에서 이자소득세 대부분이 면제다.

이 적금은 가입 계좌 수에 상관없이 총 납입액 중 연간 3천만 원에 한해서 세제 혜택을 주기 때문에 투자 한계가 있다.

금융상품에 보험도 포함된다. 보험은 미래에 발생할 수 있는 사고나 질병 등에 대비하기 때문에 투자 수익 측면에서 가치를 따지기는 적합하지 않다. 하지만 불의의 사고나 실직 또는 사업 실패 등에 따른 소득 감소 같은 예기치 않은 리스크에 대비하는 최적의 투자 상품이다. 따라서 보험상품은 각자의 경제 상황과 처지에 맞게 가입 여부를 판단해야 한다.

단 주식 연동형 보험상품의 가입은 재고할 필요가 있다. 이 상품은 적립된 보험금이 주식시장에 투자되기 때문에 증시가 좋지 않으면 수익률이 오히려 예·적금의 이율보다 못한 경우도 많다. 일반적으로 장기간 가입했을 때 플러스 수익률을 나타내지만, 연동되는 주식이나 투자상품의 실적에 따라 마이너스 수익률이 되는 경우도 드물지 않다.

따라서 주식 연동형 보험상품은 권유자의 말만 믿고 가입할 것이 아니라, 반드시 해당 상품에 연동되는 주식 종목이나 금융상품의 리스크에 대한 검토가 선행돼야 한다.

시중에 적금이나 보험, 펀드 등 많은 금융상품이 있지만 이 상품에 투자해서 부자가 된 사람의 이야기는 좀처럼 들을 수 없다. 오히려 가입 당시의 예상 수익률에 턱없이 못 미쳐 손해를 감수하고 상품을 해지한 사람의 이야기를 더 많이 듣는다. 나 역시 가입했던 금융상품을 대부분 해지하여 그 자금을 부동산 투자로 전환했고, 나머지 일부는 우량주식에 투자했다.

금융회사는 금융상품을 만들어 가입자의 돈을 모아 주식이나 채권 시장에 투자를 한다. 그리고 거기서 얻은 투자 수익 중 약정된 수준의 이익을 가입자에게 돌려준다. 금융회사는 고객의 돈을 활용해서 주식 투자를 한 후 이익금의 일부와 수수료를 가져가지만, 손실이 나면 손실 대부분은 고객이 떠안게 된다. 즉 금융회사는 항상 이득 보는 게임을 하고 있다.

투자의 속성상 리스크 없는 투자는 불가능하다. 금융상품의 가입 역시 리스크를 가진 투자의 하나로 봐야 한다. 하지만 각자의 처지에 맞는 투자상품을 선택하는 문제는 또 다른 하나의 리스크다. 이런 금융상품은 사회 초년생 직장인이 투자를 위한 종잣돈을 모으거나 부자가 현금자산을 안전하게 유지할 투자처로는 적합하다.

그러나 공격적으로 자산을 늘려서 부자가 되려는 사람은 시간과 비용을 낭비하는 결과가 초래되는 점을 고려해야 한다.

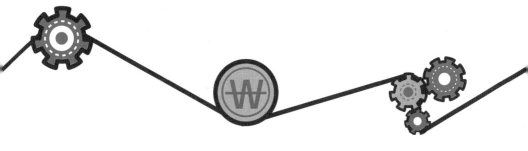

열심히 살아온 당신,
왜 아직 부자가 아닌가?

《How Rich People Think부자들은 어떻게 생각하나?》의 저자 스티브 시볼드는 "우리 집 잔디를 손질하는 정원사는 시간당 15달러를 받고 뜨거운 태양 아래에서 열심히 일을 한다. 만약 열심히 일하는 것이 부자가 되는 유일한 길이라면 그 사람이 부자여야 하고 나는 가난해야 한다"라고 말했다.

스티브 시볼드는 어떠한 일에 상당한 시간을 들여 열심히 하는 것과 돈을 많이 버는 것은 큰 상관관계가 없음을 이야기한다. 즉 돈을 벌고 부자가 되려면 자신에게 주어진 일을 열심히 하는 태도보다는 어떤 행위를 열심히 하는지가 더 중요하다는 뜻이다.

지인인 프로 뮤지션은 악기 연주에 몰입할 때 마치 자기의 영혼이 살아있는 듯하고 때로는 전율을 느낀다고 말한다. 자기가 좋아하는 일이나 놀이에 몰입하는 즐거움은 삶의 활력소이고 살아있음을 느끼게 해준다. 자신이 좋아하는 일이 직업이 된다면 얼마나 행복할까 하는 생각도 한 번쯤 해보았을 것이다.

당신이 몰입하는 즐거움과 보람을 느낄 수 있는 일을 직업으로 삼고 있다면 진심으로 축하한다. 당신은 이번 생애에 정말 축복받은 사람이다. 보통의 직장인은 일하는 즐거움보다 생계를 위해 일하는 사람이 상대적으로 많다. 아니, 한동안 일이 즐거움이었는데 시간이 갈수록 생계형으로 바뀌었다는 게 적확한 표현이다.

과연 즐거운 일을 찾아서 열심히 하면 모두 부자가 되는 목표를 함께 이룰 수 있을까?

사실 모든 것을 이룰 수 있는 직업이 없는 것은 아니다. 유명 연예인이나 스포츠 스타처럼 자기가 좋아하는 특정 분야에서 최고의 위치에 오르면 된다. 하지만 이런 사람들이 과연 얼마나 될까? 대부분 사람은 생계를 위해서 하기 싫거나 적성에 맞지 않는 일을 하면서 사는 것이 현실이다. 아니면 일 자체는 재미와 성취감 그리고 보람도 느끼지만 엄청난 노동 강도와 박봉에 시달리기도 한다.

자아실현이 불가능한 현실을 앞으로 계속 받아들이고 살아야한다면 인생 자체가 너무 허무하게 느껴질 것이다.

더 우울한 것은 생계를 위해 하는 일을 언제까지 계속할지 예측하기 어렵다는 점이다.

과연 어떻게 하면 처한 상황을 멋지게 타개하고 돈에 구애받지 않으면서 자아실현이 가능한 삶을 살 수 있을까?

이 문제에 대한 가장 확실한 솔루션은 창업을 통해 눈덩이처럼 돈을 불리거나 투자를 해서 지금의 소득을 훨씬 뛰어넘는 돈을 빠른 시간 내에 버는 것이다. 금수저를 물고 태어난 사람이 아니라면 사업과 투자가 자본주의 사회에서 경제적 자유를 누릴 수 있는 유일한 방법일 것이다.

혹자는 나의 이런 생각에 대해 지나치게 물질주의로 흐르는 것 아니냐는 의견을 말하는데, 아이러니하게도 그들은 평소 입버릇처럼 늘 '돈이 없다' '돈이 부족하다'라는 말을 자주 하는 것을 본다.

19세기 염세주의 철학자로 알려진 쇼펜하우어는 부유한 은행가인 아버지와 작가인 어머니 사이에서 태어났다. 그는 큰 자산을 상속받아 일생 동안 돈 걱정 없이 살았던 인물이다. 때문에 그는 돈의 본질을 잘 파악할 수 있었다.

그가 남긴 에세이 《사랑은 없다》의 일부를 보면 돈에 관한 견해를 읽을 수 있다.

이 책에서 그는 사람이 어느 정도의 재산을 갖추지 못하면 힘든 노동으로부터 해방이 불가능하기 때문에 절대로 자유인이 될 수 없다고 이야기한다. 또 돈이 아닌 다른 소유물은 단지 한 가지 욕구를 충족시켜 주지만, 돈은 모든 것을 충족시켜주는 절대적인 재화라고 역설한다.

하지만 200년 전 사람인 쇼펜하우어의 돈에 대한 생각이 지금과 크게 다르지 않은 점은 무엇을 의미할까? 아마도 경제적 자유 없이 신체적, 정신적 자유를 누리기가 어렵다는 진리를 깨우쳐 주는 말이 아닐까?

부동산 투자를 통해
부자로 가는 초석을 다져라

이제 돈을 벌어 경제적 자유를 얻고 싶은 생각을 막연하게 할 것이 아니라 간절하고 구체적으로 해야 한다. 부자가 되려고 결심했으면, 돈에 대한 자신의 생각을 바꾸고 지금 어떠한 상황에 처해도 반드시 부자가 될 수 있다고 믿어야 한다.

나 역시 유사한 경험을 했다.

나는 입사 5년차 이후부터 막연히 부자가 되겠다는 생각을 진지하고 간절하게 바꿨다. 생각과 목표가 바뀌자 기존에 바라봤던 것이 돈을 벌 수 있는 재료로 새롭게 보이기 시작했다.

그리고 평소의 나쁜 소비습관이 없어졌고, 저축액을 늘려 종잣돈을 빨리 모으려고 노력했다. 공식적인 회식 자리가 아니면 술자리는 되도록 피하고 운동을 꾸준히 하면서 자기관리에도 신경을 썼다. 또 일 년에 책 한두 권정도 겨우 읽었던 내가 재테크나 자기계발에 관련한 책을 꾸준히 정독하는 습관도 가졌다.

뚜렷한 목표가 생기고 생각이 바뀌니 힘들게 느껴지던 회사 일도 좀더 쉽고 명확하게 보였다. 더욱 긍정적인 변화는 부동산 투자를 통해 목표했던 부를 조금씩 달성해 갈수록 회사에 대한 개인적 기대치가 낮아지면서 업무 스트레스가 줄어들었고, 성향도 주위의 모든 상황을 긍정적으로 받아들이는 쪽으로 바뀌게 되었다는 점이다. 이처럼 뚜렷한 목표의식과 생각의 변화는 몸과 마음을 송두리째 바꾸어 놓는다.

그러나 반대로 부자가 되고 경제적 자유를 이룰 좋은 여건을 갖추고 있더라도 목표가 흐릿하고 자신의 의지가 부족하면 부를 이루기 쉽지 않다.

동호회에서 만난 지인은 15년 넘게 외국계 회사에서 일하며 연봉을 1억 원 넘게 받았다. 그런데 그는 아직도 자신의 집을 장만하지 못했고 월 지출액이 많아 저축도 거의 못한다고 하소연한다. 그는 자신의 지출을 전혀 통제하지 못하고 잦은 해외여행과 술자리, 취미생활 등에 많은 비용이 들어 저축을 할 여력이 거의 없었다.

그는 금전적 어려움을 해결하기 위해 지금보다 연봉이 더 높은 회사로 이직을 고려한다고 했다. 눈치를 챘겠지만, 그가 어려움에 봉착한 근본적인 이유는 돈을 통제하고 관리하기 위한 구체적인 생각과 목표가 전혀 없기 때문이다. 그가 지금까지 꾸준히 저축만 잘했으면 10년 전에 이미 서울의 아파트 한 채 정도는 장만하고도 남았을 것이다.

부자가 되려면 내가 지금 받는 연봉의 액수보다 부를 이루려는 의지와 뚜렷한 목표의식이 훨씬 더 중요하다. 내 주위에는 200만 원 월급을 받으면서 부동산 투자로 내 집 마련에 성공한 사람도 많이 있다. 이들은 비록 넉넉하지 않은 소득이지만 꾸준히 저축하여 모은 종잣돈을 허투루 쓰지 않고 부동산에 지속적으로 재투자해 부자로 가는 초석을 다졌다.

지금 열심히 살아온 인생이 어떻게 느껴지는가? 열심히는 살았는데 아직 경제적 자유는커녕 신체적 여유조차 없는 상태로 살고 있지 않은가? 무엇이 문제인지 자신의 생각의 틀을 되짚어 보자.

인간의 신념은 매우 강력하다. 자신이 간절하게 생각하는 끈을 어떤 상황에서도 놓지 않는다면, 그 생각은 반드시 이루어진다. 부자가 되고 싶으면 부자가 되겠다고 간절하게 바라고, 그것이 반드시 이루어질 것이라는 믿음을 먼저 가져야 한다. 이것은 부자가 되기 위해 종잣돈을 마련하는 것보다 더 중요한 요소다.

미국의 유명한 성공학 연구가 나폴레온 힐의 저서 《놓치고 싶지 않은 나의 꿈 나의 인생》에서 용기와 힘을 주는 시가 있다. 이제 용기를 가지고 진정한 자신의 꿈에 도전해 보자.

돌이켜 세상을 보면 마지막까지
성공을 소원한 사람만이 성공하지 않았던가.
모든 것은 사람의 마음이 결정하느니.
만일 당신이 이긴다고 생각하면
당신은 승리할 것이다.
만일 당신이 무엇인가 진정으로 원한다면
그대로 될 것이다.
자아, 다시 한번 출발해 보라.
강한 자만이 승리한다고 정해져 있지는 않다.
재빠른 자만이 이긴다고 정해져 있지도 않다.
나는 할 수 있다고 생각하는 자가
결국 승리하는 것이다.

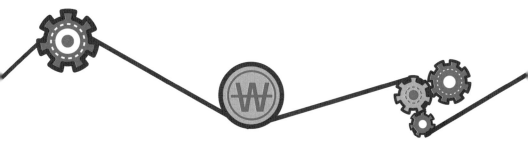

로또 살 시간에 종잣돈을 모아라

어느 토요일 낮, 서울 홍대거리 조그마한 모퉁이를 걸어가다가 길게 줄을 선 사람들을 보았다. 다른 여타 가게는 한적한데 유달리 그곳만 동네 아줌마, 아저씨, 양복을 차려입은 회사원, 대학생으로 보이는 남녀 커플, 심지어 노숙자 옷차림의 남자까지 다양한 인간 군상이 희망에 찬 얼굴로 서 있었다.

그냥 조그마한 슈퍼마켓인 줄로만 알았는데 가게 옆에 세운 큼지막한 광고판을 보니 '로또 명당' '1등 당첨 6번' '2등 당첨 25번'이라고 쓰여 있었다. 이곳이 바로 풍수지리가조차도 정확한 위치를 예측할 수 없다는 '로또명당' 자리였다.

한번 '로또명당'이 된 가게는 사람들의 입소문을 통해 계속 명당

자리의 위상을 이어간다. 소문을 듣고 찾아온 사람이 많을수록 1등 당첨자 배출 확률도 더 높아지기 때문이다.

마치 서울 강남 아파트가 언론에 노출되면 될수록 명성이 더욱 공고해지는 이치와 흡사하다.

서양의 어느 과학자는 사람이 살면서 번개를 한 번이라도 맞을 확률과 로또 1등에 당첨될 확률에 대해 비교 연구를 했다. 연구 결과는 어떻게 나왔을까? 사람이 평생 살면서 로또 1등에 당첨될 확률이 번개를 한 번이라도 맞을 확률보다 4.12배 어렵다.

사람들이 당첨 확률이 매우 희소한 로또에 희망을 거는 이유는 무엇일까? 가끔 뉴스를 통해 로또 1등 당첨자의 비참한 말로에 관한 기사를 접하지만, 자신은 그들과 다르며 1등에 당첨 되면 반드시 인생역전을 한다는 기대감 때문 아닐까?

하지만 로또 1등 당첨 금액은 매년 낮아져 지금은 세금을 공제한 당첨 금액만으로 서울의 30평대 아파트를 살 수 있을지 미지수다. 이제는 로또 1등 당첨으로 인생역전을 한다는 말이 사실상 무색해졌다.

삶을 돌이켜보면 세상을 움직이는 어떤 법칙이나 진리가 존재한다는 것을 깨닫는다. 바로 '어떤 결과에는 반드시 원인이 있다'이다. '세상에는 공짜가 없다'라는 말로 대신할 수 있다. 요즘 세간에 유행하는 '끌어당김의 법칙'과 맥락이 같다고 생각한다. 즉 어떤 특정 대상에 관하여 생각하면, 그 생각이 바로 그 대상과 관련한 특정 결과의 '원인자'라는 것이다.

특정 결과는 여러 원인의 갖가지 변수에 영향을 받아서 만들어진다. 원인 중 가장 강력한 원인자는 바로 '나의 생각'이다. 생각의 힘은 특정 결과에 영향을 미칠 모든 변수를 뒤바꿀 강력한 위력을 가지고 있다. 대부분의 사람은 생각의 힘을 과소평가하기에 이를 잘 의식하지 못한다.

평소에 저축해서 돈을 모을 생각보다, 멋지게 쓸 생각을 많이 하는 사람에게는 결국 돈이 모이지 않는 이치도 생각의 힘이 작용하는 좋은 예다. 인간이 생각하는 모든 것_{심지어 무의식적인 사소한 생각까지}은 사라지지 않고 우주 공간에 쌓여 삶에서 일어나는 모든 사건의 원인자 역할을 한다.

부자가 되려면 일단 투자를 위한 종잣돈부터 모을 생각을 해야 한다. 부자가 되기 위한 원인자를 먼저 만들어야 한다는 뜻이다. 세상에 공짜는 정말로 없다. 자신의 수중에 100만 원도 없는데, 1천만 원을 바라면 안 된다. 먼저 100만 원을 가져본 다음에 1천만 원으로 넘어가고, 1억 원을 가질 수 있다. 단계를 밟아야 돈의 진정한 가치를 알고 어렵게 얻은 부를 계속 유지하는 지혜를 갖게 된다.

로또 1등 당첨자가 패가망신하는 이유는 살면서 큰돈을 가져보거나 관리해 본 경험이 없는 데 어느 날 갑자기 수십억 원의 돈을 가지게 되었기 때문이다. 당첨자는 당연히 어디에 투자하고 또 어떻게 할지 계획을 세워 본 경험도 없을 것이다. 아마도 당첨금을 받으면 그동안 못했던 것을 다 해보겠다는 생각만 하지 않았을까?

돈을 관리해 본 사람에게는 재산 탕진 같은 비참한 결과가 절대 일어나지 않는다. 로또 당첨자의 불행한 말로의 원인은 바로 당첨자의 미숙한 생각에 있다.

나는 부동산 투자에 눈을 뜨게 되면서 하루빨리 투자를 시작하기 위해 우선 목돈을 마련해야겠다는 목표를 세웠다. 생각의 전환이 일어나자 전에는 우습게 여기던 푼돈도 허투루 낭비 않고 근검절약을 습관화 했다. 종잣돈을 모을 때, 월급에서 생활비는 최소한으로 줄이고 나머지는 모두 비과세 저축, 적립식 펀드 등에 투자해 최대한 빨리 목표한 목돈을 마련하고자 노력했다.

종잣돈은 규모가 중요하다. 종잣돈의 규모를 빨리 키울수록 더 빠르게 부를 달성할 가능성은 높아진다.

"1천만 원 가진 사람이 1억 원을 만들기보다, 아무것도 없는 사람이 1천만 원 모으기가 더 어렵다."

"1억 원 가진 사람이 10억 원 만드는 것보다 1천만 원 가진 사람이 1억 원을 만들기가 더 어렵다."

아마도 이런 말들을 한 번쯤 들어본 적 있을 것이다. 이는 자본주의 시스템에서 부가 형성되는 원리를 정확히 꿰뚫은 지혜가 담긴 말이다. 왜 그런지 아래 이야기를 통해 자세히 알아보자.

종잣돈 규모의 차이
투자할수록 수익금 더 벌어져

만약 1천만 원 종잣돈을 가진 당신과 2천만 원 종잣돈을 가진 당신의 친구가 함께 부동산에 공동투자를 한다고 가정해 보자. 1억 원짜리 아파트를 7천만 원의 전세 세입자를 끼고 투자를 했다. 이후 아파트 가격은 1억 5천만 원으로 올랐고 총 수익 금액 5천만 원을 지분별로 나누면 당신은 약 1천660만 원, 친구는 약 3천340만 원의 수익을 가져간다.

이제 각자 벌은 수익을 더하니 각자의 종잣돈 파이가 상당히 커졌다. 당신은 2천660만 원, 친구는 5천340만 원이 되었다.

벌써 뭔가 눈치를 챘는가? 친구의 종잣돈 앞자리 숫자가 '2'에서 '5'로 바뀌었다. 당신 종잣돈의 앞자리 숫자가 '1'에서 '2'로 바뀌는 동안 말이다.

그래도 서로 함께 돈을 벌었기 때문에 둘 사이는 더 돈독해져 다시 한번 더 공동투자를 했다. 이제는 첫 투자에서 늘어난 종잣돈으로 2억 원 넘는 아파트에 도전이 가능했다. 다행히 입지도 괜찮은 2억 원짜리 아파트를 발견해 1억 2천만 원의 전세 보증금을 끼고 두 사람의 종잣돈 8천만 원을 투자했다. 2년을 보유하고 난 후 아파트는 2억 7천만 원으로 올랐다. 수익금을 모두 정산해서 각자의 종잣돈 규모를 계산해 보니 당신은 4천950만 원, 친구는 '1억 50만 원!'이 되었다.

처음에 두 사람의 종잣돈은 1천만 원 차이에 불과했지만, 이제는 5천만 원 이상 더 벌어졌다. 둘 사이의 차이만을 보면 당신이 친구의 자산 규모를 따라잡기는 이제 더 힘들게 됐다.

위 예시에서 알 수 있듯 초기 투자자금 즉 종잣돈의 규모가 얼마나 중요한지 확인할 수 있다. 종잣돈 규모의 차이는 투자를 거듭할수록 좁혀지지 않고 점점 더 벌어진다. 이것이 자본주의 시스템이다. 마치 중력의 법칙처럼, 부의 크기가 클수록 더 많은 부를 끌어당긴다.

당신은 부자가 되고 싶은 간절한 마음을 가지고 있는가?

그렇다면 지금 당신의 자산이 많지 않거나 부모에게 받을 유산이 적을수록, 종잣돈을 모으고 규모를 키우는데 전력을 다해야 한다. '이 적은 돈으로 언제 뭘 하겠어?'라는 생각은 매우 위험하다.

나의 첫 투자금도 10만 원, 100만 원부터 만들어졌다. 종잣돈을 모으는 방법은 각자 상황과 처지가 달라 어떤 방법이 절대적이라고 말할 수 없다. 하지만 각자의 수입에서 지출을 최소한으로 줄이고, 저축액을 최대한 늘려야 한다.

"세상에 공짜는 없다."

삶에서 요령과 꼼수는 통하지 않는다는 것을 깨달아야 한다. 그리고 '좋은 원인자를 만들면 반드시 좋은 결과가 따라온다'는 진리를 믿고 오늘도 힘차게 세상으로 나가자.

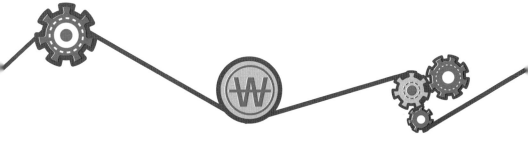

주식이냐, 부동산이냐, 이것이 문제로다

주식에 전 재산을 투자한 직장 동료 P가 어느 날 주식 이야기를 꺼냈다.

"너 요새 잘나가는 차기 대선후보 ○○○ 테마주 알아?"

"모르겠는데, 그 회사랑 ○○○랑 무슨 관계야?"

"그 회사 대표가 ○○○ 친척뻘이라는데, 그래서 그런지 요새 힘 좀 받고 상승 중이야"

"그럼 그 사람 진짜 대통령에 당선되면, 그 주식 날아가는 건 떼 놓은 당상인가?"

"보나마나지, 이전에 ○○○ 국회의원 테마주로 내가 두 배 먹고 나왔잖아. 요번에 이거 한 건만 딱 터져주면, 손 털고 나와서 아파트라도 하나 장만하려고. 너도 그 주식 잘 봐봐. 이 정보 그냥 주는 거 아니야, 대박 나면 술사는 거 잊지 말고~"

철없던 시절 나는 동료의 말을 듣고 정치인 테마주에 겁 없이 뛰어들었다가 주식 투자에 대한 비싼 수업료를 치렀다. 선의로 종목을 추천해 준 동료 역시 적잖은 손해를 보았다. 그러나 내가 입은 손실은 동료의 책임이 아니다. 정보에 대한 검증과 시장의 다양한 변수 등은 전혀 고려 않고 오직 전해들은 정보만으로 섣불리 투자를 결정한 것은 바로 나 자신이기 때문이다.

주식 투자를 상당 기간 해온 사람이라면 크고 작은 실패의 쓰라린 경험을 맛 본 적이 있을 것이다. 나는 당시의 손실을 계기로 투자 리스크의 분석과 검증의 중요성을 뼈저리게 깨달았고 나만의 투자 원칙도 세울 수 있었다.

당시의 실패는 나에게 절대 손해가 아니었다.

현재 내 자산의 대부분은 부동산이지만, 만약을 대비한 현금 확보를 위해 주식 투자를 일부 병행하고 있다. 주식은 부동산에 비해 다양한 변수에 영향을 받는 하이 리스크 투자 상품이기 때문에 자신만의 투자 원칙이 꼭 필요하다.

나는 누구나 아는 우량 회사의 주식에만 투자한다. 그리고 되도록 장기보유를 하되, 신용매수나 추격매수 등은 지양하고 정해놓은 금액 내에서만 투자한다. 만약 한도 내의 투자 금액을 다 잃으면 더 이상 추가 투자를 하지 않는다는 원칙 아래서 투자를 하고 있다.

부동산 투자를 해보면 세입자의 보증금이나 대출을 지렛대로 활용하는 경우가 많은데, 이때 여분의 현금자산을 보유하지 않으면 계약이 만료된 세입자에게 보증금을 돌려주거나 뜻하지 않은 하자 수리비용 등이 발생했을 때 곤란을 겪을 수 있다. 우량 부동산도 팔고 싶을 때 즉시 처분은 어렵기 때문에, 예비비 차원의 현금이 있어야 여러 곤란한 상황에 대비할 수 있다.

이때 무리하지 않는 범위 내의 여유자금으로 우량주에 투자하는 것은 현명한 방법이라고 생각한다. 주식은 욕심을 버리고 우량주를 적절한 타이밍에 저가로 매수하면 짭짤한 수익을 거둘 수 있다. 혹 약간의 손실을 보더라도 항상 거래량이 많아 환금성에 대한 우려도 없다.

그러나 개인이 국내나 세계 경기를 예측하고 주가 등락에 적절히 대응하기란 매우 어렵다. 따라서 시장에서 독보적인 우량기업에 투자하는 것이 가장 안전하다.

주위에 주식 시장을 예측해서 오를 종목을 추천해 주는 '주식 컨설팅 회사'가 많다. 이들은 소위 '주식고수'라는 사람을 전면에 내세워 회원을 모집한 후, 고액의 가입비를 받고 가격이 급등할 가능성이 있는 종목을 추천한다. 또한 회원에게 매수매도 시점을 알려주고 매일 해당 종목의 시황을 인터넷 방송으로 브리핑한다.

결론부터 말하면, 주식에 투자하려는 사람은 주식 컨설팅 회사의 혹세무민에 절대 넘어가면 안 된다. 특히 초년병 직장인이 종잣돈을 키우려고 힘들게 모은 피 같은 돈을 다 잃을 수 있다.

거꾸로 생각해 보자. 주식 컨설팅 회사가 시장의 미래를 잘 예측하고 등락의 결과를 잘 맞춘다면, 왜 굳이 회원을 힘들게 모아서 종목을 찍어주고 게다가 번거롭게 인터넷 방송 브리핑까지 할까? 그들이 오를 종목에 대한 예측 능력이 뛰어나면 직접 투자를 하거나 대출을 받아 단기간에 수십억, 수백억 원을 벌 수 있는데 말이다.

주식 시장에서 누군가는 분명히 주식 투자로 돈을 버는 것은 사실이다. 문제는 그 누군가에 내가 될 확률이 높지 않다는 데 있다. 주식 투자는 신중히 하되 절대로 전 재산을 올인하는 투자 방법은 지양해야 한다. 특히 사회 초년병 시절에 내 집 마련을 위해 저축으로 모은 돈으로 주식 투자는 자제해야 한다.

주식 시장에서 승리하려면 과욕을 버리고 냉정해야 한다. 그리고 투자금은 주가가 반 토막 나도 다시 회복될 때까지 장기간을 기다릴 수 있을 정도의 여유자금이어야 한다. 어떤 기업의 주가가 폭락했을 때 상장폐지 할 정도의 부실한 회사가 아니라면 다시 주가가 회복하는 경우가 대부분이다. 하지만 급변하는 주식 장세를 인내하고 기다리기란 쉽지 않다. 더구나 투자금이 전 재산이라면 반드시 투자를 재고해야 한다.

급락하는 하락장은 언제든 예고 없이 나타날 수 있다. 이때 자금의 여유가 없는 투자자는 결국 손절매를 할 수밖에 없다.

묻지마식 투자
반드시 실패 불러

부동산은 투자 상품의 관점에서 볼 때 주식과 비슷한 면도 있지만 상반되는 특성도 많다.

첫째 부동산은 대부분 고가로 사고파는 데 시간이 걸려 환금성이 매우 떨어진다. 따라서 가격의 상승과 하락이 대체로 천천히 나타난다. 그렇기 때문에 부동산 시장을 꾸준히 모니터하면 어느 정도 향후 상승과 하락을 예측하고 대비할 수 있다.

둘째 부동산은 기본적으로 토지가 기반이기 때문에 공급 총량이 한정적이다. 이는 부동산의 '부증성不增性'으로 우리나라 국토 면적이 물리적으로 무한정 늘어나지 않는다는 것을 생각하면 된다. 더구나 우리 국토는 70% 이상이 산지로 이루어져 개발 가능한 토지는 더욱 한정적이다.

셋째 부동산은 '국지성지역성'을 가지고 있다. 부동산 시장은 지역의 경제적, 사회적 변화에 영향을 받으며 수요와 공급 역시 지역적 특성에 큰 영향을 받는다. 예를 들어 동일한 브랜드의 같은 평형대 아파트도 서울과 부산의 아파트 가격이 차이 나고 가격 상승과 하락의 주기 또한 지역에 따라 매우 다르게 나타난다.

부동산 시장도 투기가 존재하지만 주식 시장처럼 특정 종목의 가격을 흔드는 작전 세력이 활개를 치기 힘든 이유는 '부증성'과 '국지성'과 같은 특성이 있기 때문이다.

마지막으로 부동산은 실물 자산이기 때문에 화폐 인플레이션을 상쇄시킨다. 우리나라뿐 아니라 자본주의 국가들은 매년 엄청난 액수의 돈을 찍어낸다. 기하급수로 증가하는 돈의 양에 비해 실물 자산의 증가는 급속도로 이루어질 수 없다.

결국 늘어난 돈은 장기적으로 실물 자산 중에서 가장 광범위하게 거래되는 부동산 자산으로 몰린다.

그중에서도 핵심지역에 위치한 우량 부동산은 희소가치로 더 빠르게 큰 폭으로 가격이 상승한다.

핵심지역에 위치한 부동산의 가격이 오르는 것을 지켜본 사람들은 자연스레 부동산 가격 상승에 대한 기대감을 갖게 되는데, 어느 정도 투자 여력이 있는 사람들은 아직 가격 상승의 모멘텀이 남아 있는 핵심지역 인근의 부동산을 사들이는 현상이 발생한다. 이후에는 자금력이 떨어진 사람들까지 대출을 활용해 소위 묻지마식 부동산 구매가 이루어지면서 부동산 시장 전체가 상승 국면에 접어든다. 부동산의 가격 상승은 대체로 이러한 패턴을 거쳐 발생한다.

대부분 사람은 투자 상품의 미래 가치와 리스크를 먼저 파악하기보다 투자로 얼마나 빨리 많은 돈을 벌고 또 누가 많이 벌었는지 등을 기준으로 투자를 결정한다. 이런 식의 결정은 지속적인 투자로 이어지기 어렵다. 투자 상품이 주식이든 부동산이든 '묻지마식 투자'는 운 좋게 일시적인 성공을 거둘 수 있어도 종국에는 실패할 가능성이 매우 높다.

지속적인 성공 투자를 하려면 투자 대상이 무엇인지보다 철저한 리스크 검증이 우선이다. 투자는 자기 자신과의 싸움이면서 동시에 리스크와의 대결이다.

종합적이고 신중한 판단이 아닌 한쪽 면만 보는 '묻지마식 투자'는 반드시 실패를 부른다.

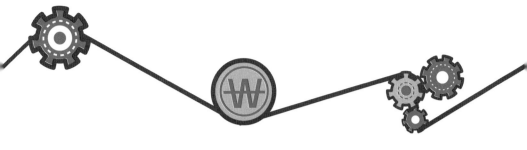

부동산은 왜 계속 오를까?

옆 팀 동료 K는 서울 뉴타운지역의 아파트 한 채를 소유하고 있었다. 그런데 대화를 나누던 중 그가 거주하는 뉴타운지역의 아파트는 서울 타 지역의 아파트에 비해 가격 오름세가 유독 상대적으로 낮아서 속이 상했다. 그는 이런 상황이라면 앞으로 가격이 더 오르기 힘들다는 판단 아래 분양가 대비 20% 정도의 차익을 보고 2017년 말에 아파트를 처분했다.

그런데 야속하게도 아파트를 처분하자마자 그 지역의 전체 아파트 시세가 계속 올라서 2020년 처분 당시보다 3억 원 가량 오른 상태라고 했다.

그의 원래 계획은 아파트를 처분한 후 부동산 가격이 조정되어 떨어지면 다른 지역의 아파트를 다시 구입하려는데, 오히려 처분한 아파트의 가격이 더 올라 후회가 많이 되고 빨리 아무 아파트라도 구입을 서둘러야 하는지 고민 중이라고 했다.

위 이야기는 부동산 가격 등락의 생리를 잘 파악하지 못했을 때 벌어지는 대표적인 사례다. 부동산 가격의 상승과 하락은 어느 정도 일정한 패턴과 흐름이 존재한다. 부동산 가격에 영향을 미치는 요소를 잘 모르는 상태에서 자신과 똑같은 주위 사람의 이야기를 듣고 매수, 매도 시점을 잘못 판단하는 경우가 많다.

서울의 아파트 가격은 2014년부터 2018년까지 천정부지로 오름세를 보였다. 2019년 초부터 약보합세를 유지하다가 2020년 들어 다시 상승세로 돌아섰다.

정부는 집값 상승을 막기 위해 많은 부동산 대책을 내놓고 있다. 하지만 재개발, 재건축을 규제함으로써 서울 도심의 공급을 틀어막고 서울 외곽에 대단지 아파트를 공급하는 정책은 분명 한계에 봉착할 것으로 생각된다.

사람들은 일터와 가까이 있는 양질의 직주근접 집을 원하는데, 정부는 일자리가 많은 서울 시내가 아닌 외곽에 자꾸 베드타운을 건설하고 있다. 따라서 서울은 시간이 가면 갈수록 결국 빌라나 오래된 아파트가 많은 도시로 남게 된다.

서울은 새 아파트가 모자라 간혹 뉴타운지역에 대단지 아파트의 분양 일정이 발표되면 청약 경쟁률이 수 천대 1에 이르고 분양가격 역시 상상을 초월하는 수준으로 올라가는 역효과가 발생하고 있다. 또 다주택에 대한 규제를 강화하여 거주 주택 외에 다른 소유 주택을 팔게 하는 정책으로 지방의 아파트 매물이 한꺼번에 쏟아져 지방 주택시장의 불안까지 가중되고 있다. 실제로 다주택 소유자는 서울, 경기도에 가장 많고 지방의 아파트를 여러 채 소유한 사람도 많아 벌어지는 현상이다.

집값 상승의 근본 원인은 시장의 풍부한 유동성과 변화하는 주택 수요에 따른 적절한 공급의 부족에 있는데, 다주택자가 집값을 상승시킨다는 논리로 정책을 수립하면 앞으로도 지금처럼 부동산 시장에 혼란만 가중시킬 것이라고 본다.

K가 거주한 뉴타운지역은 서울의 외곽지역에 위치해 있었다. 2017년도는 서울의 중심지에서 시작된 가격 오름세가 외곽지역으로 이제 막 퍼져나가던 시기였다. K가 아파트를 처분했을 때 그 지역의 오름세가 시작하는 시기였다. 부동산 가격 상승 흐름은 도시 중심지에서 외곽으로 퍼져나가는데, 반대로 가격 하락의 흐름은 외곽에서 시작되어 중심지로 옮겨간다. 부동산 가격의 상승, 하락 패턴은 IMF 외환위기나 천재지변의 상황이 벌어지지 않는 한 대체로 비슷한 양상을 보인다.

주택 가격은 지역에 따라 편차가 다르지만 장기적으로 보면 거의 예외 없이 상승했다. 부동산은 종류가 다양하고 지역성이 강해 개별 물건들의 가격 동향을 정확하게 파악하기란 거의 불가능하다. 그러나 부동산 시장 전체를 놓고 보면 가격은 일시적 하락기를 겪기도 하지만 장기적으로는 결국 '우상향' 한다.

부동산 가격이 계속 상승하는 가장 큰 이유는 자본주의 시스템 때문이다. 자본주의는 돈이 지배하는 경제 체제다. 자본주의를 이해하려면 돈의 양이 계속 증가함에 따라 돈의 실질 가치는 떨어지고 실물 가격은 올라가는 인플레이션 현상을 먼저 이해해야 한다.

돈의 실질 가치는 떨어지고
실물 가격 오르는 게 인플레

돈의 양을 늘리고, 또 돈이 계속 늘어나는 것을 방치하기도 하는 주체는 누구일까? 바로 국가의 통화량을 조절하는 정부다. 정부는 국가 전체의 통화량 조절을 위해 지폐를 발행하고 소각도 한다. 한 국가의 전체 통화량의 조절은 각국 중앙은행우리나라는 한국은행이 정하는 기준금리가 키잡이 역할을 한다.

시중 은행은 중앙은행에서 돈을 빌려와 기준금리를 토대로 대출 이자율을 책정한 후 가계나 기업에 돈을 빌려준다. 기준금리가 높으면 대출 이자율도 높아져 가계나 기업이 돈을 빌리는 데 부담이 되어 시중의 통화량은 줄어든다. 반대로 기준금리가 낮으면 통화량은 늘어난다.

하지만 기준금리와 무관하게 통화량이 늘어날 수도 있다. 시중에 실제 통화량을 측정하는 M2언제든 현금화가 가능한 모든 통화 종류의 총량라는 지표가 있다. 1980년대는 1990년대보다 금리가 높은 때였다. 하지만 M2의 증가율은 오히려 1980년대가 1990년대보다 더 높았다. 즉 금리가 더 높은 1980년대에 돈이 더 많이 풀렸다는 의미다. 2000년대는 2002년과 2008년이 기준금리의 변동 폭이 크지 않음에도 M2 증가율이 매우 높았다.

어떻게 이런 일이 일어났을까? 원인은 시중 은행의 '신용창조' 기능 때문이다. '신용창조'의 뜻을 이해하기 전에 먼저 은행이 어떤 방법으로 돈을 버는지 알아보자.

은행의 시초는 12세기말 이탈리아가 기원이다. 당시 은행은 고객이 금이나 귀중품 또는 돈동전화폐을 맡기면 그 가치에 해당하는 보관 증서를 발행해 주었다.

은행의 보관증서는 화폐처럼 사람들이 편리하게 사용하면서 대중의 인기를 얻었고 오늘날 지폐의 시초가 되었다.

그런데 은행은 고객이 전쟁이나 천재지변 등이 일어나지 않는 한 일시에 몰려와 맡긴 금이나 돈을 찾는 일이 거의 없다는 사실을 알게 되었다. 그래서 은행은 돈을 더 많이 버는 묘수를 찾았는데, 실제로 금고에 금이나 돈이 없으면서도 있는 것처럼 꾸미고 '보관증서'를 만들어 화폐처럼 빌려주는 고리대금업을 시작했다. 맡긴 금과 돈을 찾아가는 사람이 별로 없으니 아무도 이 사실을 눈치 채지 못했고, 은행은 실제 보관된 금과 돈의 양보다 더 많은 증서를 손쉽게 발행할 수 있었다.

12세기말 처음 출범한 은행이 금이나 돈을 근거로 실체가 없는 증서를 발행해 빌려주었다면, 오늘날의 은행은 고객이 맡긴 돈을 마치 자기 돈인 것처럼 기업이나 개인에게 이자를 받고 빌려준다.

예를 들어 A은행은 고객이 맡긴 예금액 1천만 원 중 중앙은행이 정한 지급준비금예치액의 10%로 가정하자만큼 빼고 B에게 900만 원을 빌려준다고 하자. B는 900만 원을 지불하고 C로부터 부동산을 구입한다. C는 B로부터 받은 돈 900만 원을 D은행에 모두 예금을 한다고 가정하면, 이제 전체 시중은행에 있는 총 예금액은 숫자상으로 1천 900만 원이 된다. D은행은 예금으로 들어온 900만 원 중 지급준비금 10%를 제외하고 810만 원을 시장에 대출해 줄 수 있다. 이러한 방식으로 전체 시중은행의 예금 총량은 점점 늘고 대출총액도 증가하기 때문에 시장에 유통되는 돈의 양은 기하급수로 불어난다.

이처럼 중앙은행이 발행한 본원통화가 은행과 가계 및 기업 간에 발생하는 반복적인 예금과 대출을 통해 통화량이 기하급수로 늘어나는 것을 '신용창조'라고 부른다. 그런데 위에서 언급한 A은행에서 고객이 예금한 1천만 원 모두 빌려줬다면, 어떤 일이 벌어질까? 아마도 돈을 맡긴 고객이 자기 돈을 다시 찾으려면 A은행이 돈을 다 회수할 때까지 기다려야 할 것이다.

또 A은행에서 돈을 빌린 B가 파산하면 예금을 맡긴 고객에게 한 푼도 되돌려 줄 수 없는 사태까지 발생한다. 이런 사태를 막기 위해 정부는 '지급준비예치금지준예치금'이라는 제도를 만들어 은행의 총 예금액 중 일부를 중앙은행에 맡기도록 한다.

공적인 중앙은행이 적절히 통제하지 않으면, 자본주의 사회는 돈의 양이 무한정 계속 늘어나는 구조다. 따라서 물가와 부동산 가격이 왜 계속 오르는지 조금 감이 잡혔을 것이다. 재화와 상품, 실물자산의 양 역시 국가 경제규모가 커지고 발전함에 따라 점점 늘어난다. 하지만 문제는 통화량의 증가 속도가 경제규모 증가에 비해 훨씬 빠르다는 데 있다.

우리나라의 과거 부동산 시세를 추적해 보면 총 통화량을 의미하는 M2 지표가 증가한 시기에는 반드시 부동산 가격의 폭등이 있었다. 이렇듯 중앙은행의 기준금리와 시중의 총 통화량은 부동산을 포함한 실물자산의 가격에 큰 영향을 미친다는 것을 알 수 있다.

옛날부터 부자는 번 돈을 불변의 가치를 지닌 재화로 교환했다. 돈이 많아 보관이 힘든 이유도 있지만 가장 큰 이유는 돈의 가치가 늘 변한다는 사실을 알았기 때문이다.

경제학 용어는 몰라도 실물경제의 흐름을 간파했기에 돈의 가치가 변한다는 사실을 잘 알았다.

토지나 금, 보석 등과 같은 재화는 인간이 무한정 만들 수 없다. 하지만 돈은 경제를 지배하는 주체가 자신이 만든 규칙을 바꾸면 얼마든지 발행할 수 있다. 교환을 위해 만든 재화인 돈의 양이 늘면, 희소가치가 있는 재화나 한정된 실물자산의 가격이 오르는 것은 당연한 이치다.

모든 현상에는 원인이 있다.

부동산 가격이 상승·하락하는 근본 원인을 모르면 자신의 투자 결과는 순전히 운이라고 생각될 수밖에 없다. 현명한 투자자가 되기 위해서는 시장 변동의 근본 원인을 알고 그에 대한 대응력과 통찰력을 갖추기 위해 부단히 노력해야 한다.

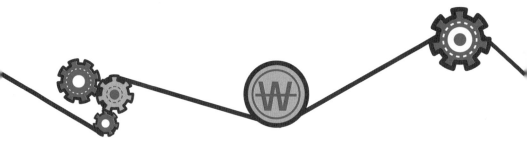

직장인 당신이 부동산에
투자해야 하는 이유

나는 가끔 친구나 지인을 만나면 호기심에 다음과 같은 질문을 던져보곤 한다.

"일하지 않고도 네가 지금 받고 있는 월급만큼의 돈이 매달 통장에 꽂힌다면 그때도 회사는 계속 다닐 거야?"

이 질문에 대해 돌아오는 답변은 예외 없이 모두 직장을 그만두 겠다는 것이다. 간혹 어떤 친구는 '일이 아예 없으면 너무 심심하지 않을까?' 머뭇거리다가 이내 생각을 고쳐먹고 직장을 그만둘 것이 라고 대답했다. 나의 대답도 마찬가지다. 왜 다 같은 생각을 할까?

아침에 눈을 뜨면 출근할 생각에 가슴이 설레는 사람은 자기계발서에서 찾아야 하는 것일까? 이는 직장인의 대다수가 자아실현보다 돈을 벌기 위해 직장을 다니기 때문이다.

내가 부동산 투자를 시작한 이유 역시 남보다 빨리 직장생활에서 벗어나 여유로운 삶을 원했기 때문이다. 삶을 바꾸려고 시작한 부동산 투자가 내게 준 큰 의미는 경제적 여유도 있지만, 무엇보다 세상을 보는 시야가 넓어졌고 도리어 직장생활에서도 마음의 여유와 삶의 의미를 찾을 수 있게 해준 점이다.

입사 5년차 무렵, 지방의 상가와 서울의 아파트 한 채를 소유한 회사 선배를 우연한 자리에서 알았다. 그는 부동산에 대해 문외한인 나에게 부동산 투자에 관해 많은 조언을 해주었다. 나는 이를 계기로 부동산 투자에 눈을 떴다.

당시 대부분 주위 직장 동료는 재테크라면 적금이나 펀드, 주식 투자 정도로 생각했고 내 집 마련 이외 부동산 투자는 주로 돈 많은 부자나 소위 투기꾼이 하는 것으로 치부하는 분위기였다. 사실 지금도 보통의 직장인에게 부동산 투자는 아파트 한 채를 장만해서 대출 이자 갚아가는 것이 일반적인 생각이다.

부동산 투자가 여의치 않은 상황에서 주식 투자는 사실상 직장인의 유일한 희망 같은 재테크 수단이다. 그런데 주위에서 주식 투자로 돈을 번 사람보다 잃은 사람의 이야기가 훨씬 많이 들렸다. 그런 여건에서 회사 선배는 남과 달리 이른 나이에 부동산 투자를 시작한 점이 나에게 굉장히 신선하고 인상 깊었다.

또 당시 나는 회사생활에 슬럼프를 느낄 정도로 하루하루 힘들게 보냈다. 그래서 부동산 투자를 하면 삶이 더 나은 쪽으로 바뀔 것 같아 과감하게 도전했다. 부동산에 관심을 가지면서 대화의 주제도 자연스레 부동산 투자와 관련한 이야기로 많이 바뀌었다. 내 집 마련을 했거나 땅 투자로 돈을 번 사람을 만나면 투자 노하우를 묻고 왜 그곳에 투자했는지 나름대로 분석을 해봤다.

그리고 재테크와 부동산 투자 관련 책을 읽고 성공한 사람의 경험을 배우는데 여유 시간의 대부분을 투자했다. 대학에서 공학을 전공한 내가 경제와 부동산을 공부하면서 느낀 점은 과거나 지금이나 학교 교육은 자본주의 세상에서 개인이 살아남기 위한 가장 중요한 지혜인 '자본을 활용해 자산을 늘리고 이윤을 추구하는 방법' 즉 투자에 대해서 거의 가르치지 않는다는 사실이다.

나 역시 과거에 부자가 되려면 대기업 임원이나 직접 창업을 해서 CEO가 되는 방법 또는 의사나 변호사, 회계사 등 전문자격증을 따는 것이 유일한 방법이라고 생각했다.

그런데 투자로 부를 쌓은 사람은 소위 스펙이 뛰어나지 않았고 무일푼으로 시작해서 부를 일군 사람이 많았다. 이들 대다수는 돈 버는 방법을 스스로 연구하고 치열하게 실전을 겪으면서 삶의 지혜를 터득한 사람이었다. 나는 이들이 쓴 책을 통해 투자 노하우뿐만 아니라 생각의 틀을 바꾸고 넓은 시야로 세상을 보면 더 많은 기회가 생긴다는 깨달음을 얻었다.

부동산 투자에 관심을 가지면서 회사에서도 나와 생각이 비슷한 사람을 자연스레 만날 수 있었다. 재개발 투자에만 집중하는 P차장을 통해 전문가를 소개받는 계기로 나는 첫 투자를 시작했다.

'첫술에 배부르랴'라는 속담처럼 첫 투자에서 좋은 결과를 얻지 못했지만 첫 경험을 통해 투자에 대한 막연한 두려움을 어느 정도 떨쳐버렸다.

요즘 들어 신입 시절부터 인정받고 승승장구한 친구가 경제적인 문제로 고민하는 것을 자주 본다. 회사 일에 최선을 다하며 나름대로 열심히 살았는데, 지금 보니 모은 돈은 별로 없고 생활비와 아이 교육비 지출은 갈수록 늘어난다는 것이다.

예전에는 자기 일에 보람과 재미를 느끼며 회사를 다녔지만, 이제는 퇴직 후의 삶에 불안한 마음이 앞선다고 이야기 한다. 그래도 내 집 마련을 이룬 친구는 생활비 충당으로 마이너스 통장까지 쓰지 않아 다행이라고 자족한다.

직장 이후의 삶 위해
부동산 투자는 필수

직장인에게 부동산 투자는 선택이 아니라 필수라는 것을 강조하고 싶다. 가장 큰 이유는 '직장 이후의 삶'이라는 문제가 기다리기 때문이다. 대한민국 정부는 국민의 노후를 온전히 책임지지 못한다. '10년, 20년 후에 우리나라도 유럽의 복지국가처럼 될 터이니, 퇴직 후에 정부의 복지혜택과 보험, 국민연금으로 살면 된다'라고 이야기하는 사람도 있다.

하지만 우리나라가 향후 유럽 복지국가의 모델을 따라하려면 현실적으로 매우 어렵다. 무엇보다 우리나라 정부는 국민과 신뢰 관계가 유럽의 복지국가에 비해 아직 약하며, 지정학적 특성으로 국방 예산의 비중을 낮추는 게 매우 어려워 복지 예산을 획기적으로 늘릴 수 없는 것이 현실이다.

정부가 책정한 연금 지급액도 화폐 가치의 하락으로 미래에 기본적인 의식주를 꾸려 나갈 수준에도 못 미칠 가능성이 매우 높다.

불리한 여건 속에서 최소한의 행복이 보장되는 노후를 보내고 싶으면, 직장을 다니는 지금 부동산 자산을 마련하는 목표를 설정하고 행동으로 옮겨야 한다. 예금과 주식 같은 투자 방식은 장기적, 지속적으로 자산 규모를 키우는 데는 역부족이다.

얼마 전 오랜만에 통화한 친구에게 들은 일화다. 친구 주위에 사업하는 지인이 있었다. 지인은 사업 확장을 위해 따로 마련해 둔 자금으로 강남에 있는 아파트를 구입했다. 당시 지인은 사업 확장에 대해서 성공을 확신했기 때문에 그 자금으로 강남 아파트를 사자고 주장했던 아내와 말다툼까지 했지만, 결국 아내의 고집을 꺾지 못하고 아파트를 매수하게 된 것이다. 그런데 20년이 흐른 지금, 남은 자산은 강남 아파트 한 채뿐이라고 한다. 그동안 사업은 실패했지만 오히려 거주하던 아파트 한 채가 훨씬 더 큰돈을 벌게 해주었다.

이처럼 양호한 입지의 부동산 가격은 장기적으로 꾸준히 상승한다. 부동산은 입지와 위치에 따라 가치 상승이 일시적으로 정체될 수는 있다. 하지만 인플레이션 때문에 장기적으로 가격은 늘 우상향 한다. 게다가 상대적으로 좋은 입지에 위치한 부동산은 시장 상승기에 가격이 더 오른다. 대다수가 원하는 입지의 토지나 집은 그 공급을 무한정 늘릴 수가 없기 때문에 그 재화의 희소가치와 시장의 상승기가 만나게 되면 가격 폭등 현상이 일어나게 되는 것이다.

직장인의 진정한 노후 보험과 연금은 부동산 자산이어야 한다. 이제부터 부동산 투자에 관심을 가지고 적극적으로 도전해 보자. 살다보면 '모든 것에서 늦은 때는 없다'는 것을 알게 된다. 차근차근 지식을 쌓고 도전하면 어느 순간 안개가 걷히는 때가 반드시 온다. 이것은 바다에 고기가 있다는 사실만 아는 사람과 고기 잡는 법을 아는 사람의 차이다.

 POINT

돈의 유동성에 주목해야 …

부동산 가격 급등의 원인을 투기로만 치부할 일이 아니다. 가격이 오르는 근본적인 이유는 재화 공급의 부족이나 시중의 통화량 증가다. 부동산 시장의 흐름을 읽고 적절한 투자 시점을 찾기 위해서는 반드시 세계와 국내의 통화량 변동 사항을 체크하는 습관을 가져야 한다.

부동산 투자는
어떻게
공부해야 할까?

PART 2 부동산 투자는 어떻게 공부해야 할까?

부동산 투자는
경험으로 배워가는 학문이다

'고기도 먹어본 사람이 많이 먹는다.'

위 속담은 '무슨 일이든 경험 있거나 경험을 더 많이 한 사람이 더 잘 한다'라는 뜻이다.

부동산 투자도 한 번이라도 해본 사람이 계속할 수 있다. 과거에 투자 경험이 없는 사람은 기회라는 것을 직감해도 두려움 때문에 기회를 놓치는 일이 많다.

살다 보면 직접 경험하기 전까지 제대로 알기 어려운 세상사가 많다. 부동산 투자 역시 알 수 없는 다양한 속성이 있다. 부동산은 일반적으로 투자금의 규모가 상당히 크고 거래 자체가 쉽지 않기 때문에 투자에 대한 두려움이 큰 게 사실이다.

하지만 용기를 내서 작은 물건부터 직접 투자를 해보면 이를 계기로 투자에 대한 과거의 막연한 두려움을 떨칠 수 있다. 첫 투자에서 얻은 경험과 자신감을 바탕으로 시장의 동향과 리스크를 체크해보는 등 실질적인 실전 투자에 대한 공부는 이때부터 시작이다.

해당 물건지 현장을 확인
투자 목표는 월세 수익이 아닌 시세 차익

나 역시 실제 투자를 경험하기 전은 막연한 두려움과 망설임이 앞섰지만 이를 극복하고 투자를 시작한 후 자신감과 열정이 생겼다. 또 부동산 투자를 시작하면 경제나 부동산 관련 뉴스가 예전과 다르게 느껴지며, 스스로 관련 정보를 찾고 시장 동향을 파악하기 위해 노력한다.

나름대로 지역 분석을 하다 보면 어느새 준전문가가 되어 지역의 개발 정보를 현지 주민보다 더 상세히 파악하게 된다.

2005년 당시, 인천을 포함한 서울·경기권의 부동산은 재개발 광풍이 불고 있던 때였다. 서울은 약 300곳, 인천은 약 200곳이 재개발 사업을 추진하고 있었다. 나는 회사 동료가 추천한 중개인을 통해 재개발 투자물건을 소개받았다. 그리고 해당 물건지의 현장을 확인한 후 큰 고민 없이 매수 계약을 결정했다.

계약이 끝나고 나는 생애 처음으로 내 소유의 부동산을 갖게 되었다. 그날 서울로 올라오면서 느꼈던 기쁨에 찬 심정을 지금도 생생하게 기억한다.

그 이후 나는 틈틈이 다른 재개발지역의 물건을 찾아다녔고, 괜찮은 물건이 나오면 주저하지 않고 즉시 매수했다. 첫 투자 이후 1년 반 만에 투자 물건이 5개로 불어났다. 그동안 모은 종잣돈 대부분을 투자했고 모자라는 부분은 과감하게 대출을 활용했다. 나는 5채의 빌라를 가진 월세 투자자가 되었다.

하지만 월세의 대부분은 은행이자로 충당해 실제 월세 수익률은 미미했다. 나의 투자 목표는 월세 수익이 아닌 시세 차익이었기 때문에 재개발 사업이 본격화되면 적당한 시기에 매도하려는 계획을 가지고 있었다.

그런데 2008년 미국발 '서브 프라임 모기지 사태'가 발생했다. 1997년 IMF 외환위기 이후 약 10년 만에 다시 일어난 경제 공황이었다. 당시 부동산 투자자 대부분은 부동산 시장이 융단 폭격을 당하는 것을 망연자실하며 지켜보고 있었다. 처음으로 미국이 아주 증오스럽게 느껴졌다. 대학생 시절 '미 제국주의는 물러가라'고 외치며 운동권에 가담한 선배가 데모를 할 때 왜 난 적극적으로 참여하지 않았을까하는 후회까지 들었다. 아무튼 당시에 내가 투자한 인천의 부동산은 '미국발 쓰나미'로 엄청난 피해를 입었다.

2008년 사태로 서울 및 수도권 부동산 대부분이 20~30%, 많게 50%까지 가격이 빠졌고 거래는 거의 실종되다시피 했다. 서울 및 경기, 인천지역의 재개발 사업은 철거작업이 진행되는 곳을 제외하고 거의 올스톱이 되었다. 당시 국면은 장기적으로 갈 모양새였고 인천의 빌라는 재개발 호재가 사라지면 가격이 상승할 만한 다른 재료가 거의 없는 상태였다.

게다가 월세 수입은 발생했지만 재개발지역의 낡은 집이어서 수리비가 청구되면 실제 월세 수익률은 더 떨어졌다. 나는 부동산 불경기가 단기적으로 해결될 기미가 없고, 계속 적자를 감수하면서 보유하는 것은 경제적 손실뿐 아니라 시간적 손실이 더 크다는 결론을 내렸다.

결국 적자 폭을 줄이고 투자자금을 최대한 회수하기 위해 모든 물건을 지역 임대업자에게 일괄 매도했다. 그때 손실은 상당했지만 앞으로 더 발생할 손실을 줄이기 위해서 어쩔 수 없는 선택이었다. 혼자서 결정을 내리기까지 힘들었지만 빠른 결정은 결과적으로 좋은 선택이었다고 생각한다.

젊을 때 일찍 투자 시작해야
성공과 실패 통해 지혜 축적

나는 국내 부동산 시장도 글로벌 경제에서 벌어지는 충격의 여파를 피할 수 없음을 그때 뼈저리게 체험했다. 안전하다고 생각한 투자 방식도 세계 금융위기라는 리스크 앞에서 추풍낙엽이 될 수 있는 사실을 알았다.

앞으로 투자 대상은 글로벌 금융 리스크까지 견디는 곳을 선별해야 한다는 교훈을 얻기 위해 나는 엄청나게 비싼 수업료를 치른 셈이었다.

2008년의 쓰라린 경험은 금융이 무엇인지 이해하게 만들었고, 부동산과 투자에 대해 더 깊게 공부하는 계기가 됐다.

IMF 사태나 서브 프라임 모기지 사태와 같은 금융위기는 언제든 다시 일어날 수 있다. 세계 금융위기는 전 세계 유동성 증가 특히 미국의 저금리 정책으로 달러의 유동성이 폭증했다가 다시 고금리 정책으로 돌아섰을 때 발생 가능성이 높다.

저금리 정책으로 시중에 자금의 유동성이 늘어나면 자연스레 부실 자산에까지 대출이 늘어나는데, 이때 버블경제가 형성된다. 버블경제는 다시 고금리 정책이 실시되면 부실 채권부터 무너지기 시작하고 대출 원금과 이자를 회수하지 못한 은행과 연관된 기업은 도미노 파산으로 이어진다.

미국이나 유럽 선진국에서 금융위기가 일어나면 연쇄적으로 신흥국과 개발도상국까지 위험해진다. 신흥국이나 개발도상국의 경제가 발전하려면 선진국의 투자가 필요한데, 선진국에 경제 위기가 닥치면 신흥국과 개발도상국에 투자한 자금을 가장 먼저 회수하기 때문이다.

국가 간의 대출로 소위 '핫머니' 또는 '비핵심대출'로 불리는 것이 있다. 평소에는 선진국들의 잉여 자금이 '핫머니' 형태로 신속하게 신흥국과 개발도상국에 투자된다.

'핫머니'는 대출기한이 보통 하루에서 일주일 정도인 고금리 대출인데, 국가 간 거래임에도 각국 정부가 보증을 서지 않는다. 그래서 금융사고가 발생해도 국가가 책임을 지지 않는 '고위험 상품'이다. 돈이 긴급하게 필요할 때 바로 빌려서 쓸 수 있는 점에서 소위 '국가 간의 사채'로 이해하면 된다.

그런데 돈을 빌려준 국가나 빌린 국가에서 금융위기가 일어나면 가장 먼저 빠져나가는 자금이 바로 '핫머니'다. 따라서 '핫머니'를 많이 활용하는 신흥국과 개발도상국은 도미노 현상처럼 금융위기가 잇달아 발생한다. 1997년 아시아 금융위기, 2008년 미국 서브 프라임 모기지 사태, 2011년 그리스 재정위기 모두 '핫머니'가 원인이라고 이미 경제학자들에 의해 밝혀졌다.

또 세계적인 금융위기가 일어나면 어떤 부동산도 여파를 피해가기 어렵다. 그러나 2008년 미국 서브 프라임 모기지 사태 경험을 통해 부동산 입지와 상품의 성격에 따라 피해 규모와 후유증은 매우 다르다는 것을 알 수 있다. 2008년 세계 금융위기는 개인적으로 뼈 아픈 경험이지만 돈으로 살 수 없는 엄청난 지혜를 얻게 해주었다. 그리고 이후 투자에서 좋은 성과를 거두게 해 준 소중한 밑거름이 되었다.

부동산 투자는 실전으로 하나씩 배우는 경험의 학문이다. 그래서 가능하면 젊을 때 일찍 투자를 시작해야 한다.

투자 경험은 실패이든 성공이든 자신의 머릿속에 지혜로 저장되어 언젠가 빛을 발한다. '포기가 없으면 실패도 없다'라는 진리를 실제로 체험하게 된다.

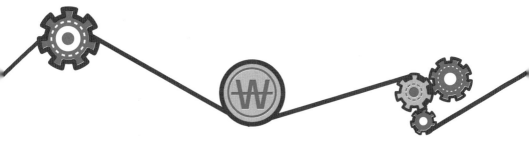

부동산 투자는 기획이고 전략이다

부동산 투자를 알게 된 후, 처음에 투자를 어디서 어떻게 시작할지 굉장히 막막했다. 투자하려는 마음은 간절했지만 종잣돈도 많지 않고 적절한 조언을 해줄 사람을 만나기도 쉽지 않았다. 부동산을 좀 안다는 직장 선배는 아파트 거래만 한두 번 해 본 경험자뿐이고, 다수는 주위 사람의 이야기를 듣고 집을 샀는데 '그게 운이 좋아서 좀 올랐다, 더 떨어져서 속상하다'라는 이야기만 들었다.

당시에 나는 부동산에 관해 전문가가 아닌 친구나 직장 동료에게 얻은 정보가 전부였기 때문에 부동산 투자는 운이 아주 중요한 요소라고 생각했다. 부동산 투자가 정확한 정보에 의한 것이 아니라 운에 따라 결과가 좌우되면 큰돈을 투자하는 것이 올바른 일인지 다소 혼란스러웠다.

하지만 시간을 보내기보다 일단 시작하자는 마음에 부동산 경매를 먼저 공부했다.

당시는 부동산 경매가 일반인에게 대중화되기 시작한 초창기였고, 무엇보다 부동산을 시세보다 싸게 살 수 있는 매력이 초보 투자자에게 큰 호감을 불러 일으켰다.

난생처음 부동산 경매 강의를 들어 보니 마치 어떤 공식에 맞춰 숫자를 대입하면 헐값에 나온 물건이 금방 내 것처럼 느껴졌다. 하지만 마음 한 편에 '돈이 되는 괜찮은 물건을 아주 쉬운 방법으로 잡는 게 사실일까?'라는 의구심도 생겨났다. 게다가 많지 않은 종잣돈 전부를 경매라는 한 가지 방법에 올인하는 게 옳은지 판단이 서지 않았다. 결국 나는 5주간의 이론 강의를 열심히 수강했지만 물건을 낙찰 받지 않았다.

그러나 나는 경매 공부를 통해 부동산 투자에 관한 새로운 시야와 관점을 갖게 되었고, 부동산 이론에 대해 깊게 알려는 욕구도 생겼다. 이를 계기로 독학으로 공인중개사 자격도 취득했다.

평범한 직장인이라면 부동산에 투자할 풍족한 여유자금을 확보하기란 쉽지 않다. 그래서 부동산 투자의 전략적인 접근이 필요하다. 투자자금이 적을수록 초기 투자에 더욱 신중해야 한다.

처음 부동산 투자를 시작하는 사람은 대부분 조바심을 갖기 마련이다. 소액 투자자금으로 용기 있게 부동산 투자에 도전하는 사람은 아마도 부자가 되고자 나름의 포부와 실행력을 갖춘 사람이다. 그런데 자신감과 빠른 실행력이 오히려 독이 될 수 있다. 성급하게 투자를 서두르면 장밋빛 예측으로 판단력이 흐려져 숨은 리스크를 인지하지 못하거나, 대안이 될 좋은 투자처를 놓치는 일도 발생하기 때문이다. 투자를 실행에 옮기기에 앞서 반드시 다양한 부동산의 장단점을 비교, 분석해 보고 현재 나에게 적합한 투자 방법을 선택해야 한다.

부동산 투자를 처음 시작했을 무렵, 나는 수도권 내의 재개발 투자에 올인했다. 나의 단기 목표는 수도권 재개발 투자를 통해 종잣돈을 키운 후, 서울의 아파트를 매수하는 것이었다. 그런데 시간이 지나니 안정적으로 레버리지를 활용하고 시세 차익을 올리기에는 재개발 투자보다 오히려 소형 아파트가 더 괜찮은 투자처라는 사실을 나중에 알았다.

최종 수익률을 보면, 재개발 투자가 우위일 수 있지만 안정적인 임차인 수요와 꾸준한 가격 상승 그리고 환금성과 관리비용 절감 측면에서 소형 아파트가 훨씬 유리했다. 당시에 경기도권 소형 아파트는 전세를 끼고 2천~4천만 원 수준의 투자금만으로 갭투자가 가능한 물건이 많았다.

아파트는 입지와 환경이 양호하면 꾸준하게 가격이 상승한다. 물론 입지가 좋은 아파트 역시 금융위기를 피해갈 수 없지만 빌라나 입지가 떨어지는 아파트에 비해 가격 하락폭은 훨씬 작으며 경기가 다시 나아지면 가장 먼저 이전 시세를 회복한다.

아파트는 역전세 등의 리스크가 적은 수도권 내 역세권의 입지를 선별해서 투자한다면 금융위기와 같은 리스크도 충분히 견디는 현명한 투자처가 될 수 있다.

다시 첫 투자 시점으로 돌아간다면, 나는 재개발 빌라와 소형 아파트에 분산 투자하겠다.

초기 종잣돈을 키우는데, 안정적인 포트폴리오다. 당시에 안전보다 빨리 종잣돈을 키워야겠다는 욕심과 조바심 때문에 다른 다양한 투자 방법에 대한 비교와 분석을 간과했다.

그때를 교훈 삼아 지금은 투자를 최종 결정하기 전에 반드시 더 좋은 방법은 없는지, 이것이 최선인지 스스로 되묻는 습관이 몸에 배었다. 그리고 책이나 인터넷, 현지 임장 등의 여러 루트를 통해 투자 물건의 리스크를 다각적으로 분석해 본 후, 투자의 성공 확률을 나름대로 예측해 본다. 물론 투자 리스크를 100% 모두 인지하고 예측할 수는 없다. 하지만 나의 경우 생각의 틀을 바꾸고 이러한 방식으로 최종 의사결정에 더 신중함을 기한 이후 실패라고 생각한 투자는 다행히 없었다.

독서는 훌륭한 인생의 코치
책 통해 운명 바꿀 수 있어

부동산 시장은 개인 간에 큰 액수의 돈이 오고가는 곳이기 때문에 수단과 방법을 가리지 않고 오로지 자신의 이익만을 챙기려는 사람도 많이 존재한다.

악덕 기획부동산에 피해를 보는 사람이 많은 것을 보면 '혹세무민'이 판을 치는 곳이다.

부동산 투자를 하면서 만나는 사람 중에는 진실 되고 정직한 사람도 있지만, 기본적인 '상도덕'조차 모르는 사람도 많다. 호의적으로 보인 사람이 자신에게 이득이 없거나 손해가 날 상황에 처하면 전혀 다른 사람으로 돌변하는 경우도 여러 번 보았다.

돈이 걸린 투자 시장뿐 아니라 세상사를 겪다보면 누가 진짜 믿을만한 사람인지 알아보는 안목이 얼마나 중요한 것인지 깨닫게 된다. 자신에게 닥칠 수 있는 '혹세무민'의 리스크를 최소화하기 위해서 스스로 투자 경험을 많이 쌓고 평소에 인문학적 소양을 길러 사람의 심리나 상황을 꿰뚫는 통찰력을 갖추어야 한다.

세상 보는 능력을 기르기 위해 다양한 분야의 사람을 만나고 교류하는 것도 좋지만, 여러 분야의 책을 꾸준히 읽는 게 더 효과적이다. 다양한 인문학 서적의 독서는 천차만별의 인간 심리를 빠르게 파악하고 유연하게 대처하는 스킬을 쌓는데 큰 도움을 준다.

또 독서는 투자 영역을 넘어 지금보다 더 성숙한 인간으로 만들어주는 가장 저렴하고 효과적인 방법이다. 어느 직장인처럼 나도 독서 시간을 따로 떼어놓기가 힘들기 때문에 출퇴근 시간이나 주말 등을 활용해 1년에 30~40권 정도의 책을 읽고 있다.

부끄럽지만 나는 대학 졸업 때까지 교과서 외에 읽은 책이 총 20권도 안 된다.

내가 꾸준히 독서를 한 계기는 투자에 성공하기 위해서 경험과 전략이 중요하다는 사실을 절실히 깨달은 후부터다. 나보다 앞서 투자의 길을 걸어간 사람의 경험과 전략을 배우기에 독서만큼 빠르고 훌륭한 수단은 없다.

독서는 완벽한 간접경험 수단이다. 능력 있고 뛰어난 사람을 직접 일일이 만나서 그들의 지혜를 배우기에는 우리의 인생이 너무 짧다. 그리고 각자의 나이 때 경험할 수 있는 것은 한정적이다. 10대의 나이에 40대가 깨달은 것과 일상을 알기 어렵고, 60대가 깨달은 삶의 지혜를 40대가 미리 알기란 쉽지 않다. 하지만 독서는 이를 가능하게 해준다.

독서를 통해 타인이 살았던 삶을 간접적으로 경험하고 느끼면서 그와 같은 삶을 스스로 리허설해 볼 수 있다. 독서는 경기 나가기 전에 운동선수가 하는 '이미지 트레이닝'과 흡사하다.

독서는 부동산 투자를 비롯한 재테크 영역에서도 향후 겪을지 모를 실패와 시행착오를 미리 막아주는 역할을 할 수 있다. 게다가 독서가 아니면 만날 수 없는 훌륭한 저자를 통해 자신의 운명이 바뀌는 행운을 거머쥘 수도 있다. 꾸준한 독서는 부족한 지식과 지혜를 쌓게 해주고 나 자신을 알아가는 '자아성찰'의 기회도 준다.

부동산 투자뿐 아니라 새로운 일을 시작할 때 좋은 성과를 내기 위해서 반드시 치밀한 계획과 전략적인 마인드가 필요하다. 아울러 결과만 바라는 조급한 마음과 과욕은 버려야 한다. 자신의 투자 계획을 수립하는 데 있어서 좀더 긴 호흡을 가지고 전략적으로 그리고 단계별로 접근하겠다는 마음을 견지한다면 벼가 무르익어 곡식을 선사하듯 성공 투자와 수익이라는 곡식이 자연스레 당신 앞에 놓일 것이다.

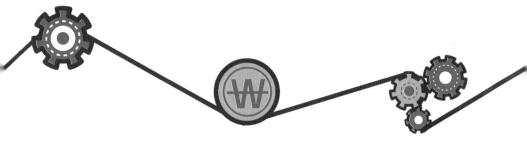

자신만의 투자 철학을 만들어라

철학은 인간의 존재 의미와 우주의 원리와 이치를 연구하는 학문이다. 철학은 모든 학문의 원류라고 해도 과언이 아니다. 모든 학문은 기본적으로 어떤 대상에 대한 근본 원리와 본질을 연구하기 때문이다.

부동산 투자도 철학이라는 의미가 통용될까? 투자란 자본의 흐름과 패턴을 파악하고 적시적소에 자본을 투입하여 최적의 이윤을 추구하는 것이다. 개인의 투자 철학은 투자의 정의에 입각하여 자신만의 투자 원칙과 기준 또는 소신을 말한다.

위대한 인도의 정신적·정치적 지도자 마하트마 간디는 다음과 같이 말을 했다.

"신념을 형성할 때는 신중하되, 형성된 후에는 어떤 어려움에서도 지켜야 한다."

살다보면 내면의 두려움과 주위 사람 의견 때문에 자기의 꿈과 목표를 포기한 적이 한 번쯤 있을 것이다. 그러나 대부분 성공한 사람은 안정과 안락함보다 치열한 삶을 선택하고 자신만의 철학을 실천한 결과다.

부동산 투자도 성공을 위해서 난관과 악조건을 극복하는 자기만의 투자 철학과 인내심, 뚝심이 필요하다. 잃지 않는 투자, 남보다 한 발 앞서는 공격적인 투자, 분산 투자, 장기 투자 등 자신만의 투자 기준과 원칙은 미래에 닥쳐올 리스크를 슬기롭게 극복하는 중요한 요소다.

내가 처음 부동산 투자를 할 때, 가족을 비롯한 주위 사람 대부분은 나의 투자 방식을 만류했다.

아주 오래된 낡은 빌라를 샀다가 문제가 생기면 수리비가 더 나오고, 어떠한 이유로 재개발 사업이 취소되면 어떻게 감당할 것이냐는 등의 이유를 들었다.

하지만 나는 소신대로 투자를 밀어붙였고 예기치 못한 금융위기 사태로 결국 손해를 보았다. 그러나 이런 소중한 투자 경험과 시행착오로 이후 투자에서 성공적인 결과를 이뤘고 나만의 투자 원칙도 만들었다.

다음은 내가 10년 이상 부동산 투자를 하면서 나름대로 터득한 투자의 원칙과 기준 중에서 뽑은 '베스트 7'이다.

- 리스크를 분석할 능력을 갖추고 최종 의사결정은 반드시 스스로 한다.
- 리스크 분석이 끝나면 우물쭈물 않고 과감하게 실행한다.
- 믿을만한 전문가의 능력을 적극 활용한다.
- 작은 재료에 일희일비 않고 먼저 큰 그림을 보고 흐름을 읽는다.
- 최소한 5년 이상 장기 투자하는 생각으로 접근한다.
- 시행착오 결과를 철저히 분석한 후 나만의 지혜로 승화시킨다.
- 유연한 사고방식을 갖추고 한 가지 투자 방법에 매몰되지 않는다.

자신만의 투자 기준과 원칙은 개별 물건을 선택할 때도 반드시 필요하다. 예를 들어 경매 시장에서 초보 투자자는 주로 다세대 빌라나 소형 아파트가 주종을 이룬다. 하지만 이 방식으로 남이 돈을 벌었기 때문에 자신의 기준과 원칙 없이 '묻지마식 투자'를 하면 나중에 후회하는 일이 발생할 수 있다.

다세대 빌라는 아파트에 비해 환금성이 떨어져 무조건 싸게 낙찰을 받아서 좋아할 일이 아니다. 부동산은 싸게 취득하는 것보다 매입 후 원하는 시점에 원하는 가격으로 팔 수 있느냐가 더 중요하다.

빌라는 우선 교통이 편리하고 건물 상태가 양호한 물건이 으뜸이다. 교통이 불편하면 세입자 확보에 어려움을 겪고, 건물 상태가 좋지 않으면 받은 월세의 대부분이 수리비로 지출될 수 있다. 빌라 투자에 대한 원칙과 기준은 매입 가격보다 추후 매도에 포커스를 맞추어 교통의 편리성과 건물의 상태에 더 중점을 두어야만 한다.

단 재개발지역에 위치한 빌라는 하자 수리비 등의 리스크를 감수하고 들어가야 하는 경우도 있다. 재개발 사업의 구역지정이 확정된 곳은 노후 빌라가 대부분인 반면, 건물의 신축은 불가능하기 때문이다. 하지만 재개발 사업이 성공적으로 끝나면 하자 수리 등의 비용은 모두 상쇄하고 남아 크게 고려할 사항은 아니다.

소형 아파트는 빌라보다 환금성은 뛰어나지만, 수요층의 한계 등으로 역세권이나 교통이 편리한 곳 또는 확실한 호재를 품은 곳 등의 입지를 선택해야만 좋은 수익률을 기대할 수 있다. 소형 아파트 역시 싸게 낙찰 받는 것에 혈안 되지 말고, 투자 방향에 대한 확실한 기준과 원칙을 가지고 물건을 취사선택해야 한다.

'조물주 위에 건물주'
세상은 변하는 법

처음 부동산 투자를 시작했을 때, 나 역시 투자 기준과 원칙이 어설펐고 다소 무모하게 행동했다. 그러나 조금 경솔했던 태도들이 나중에 많은 시사점을 주었다. 리스크에 취약한 주택이 언제 어떻게 가격 급등락을 맞는지 보았고, 세입자 관리의 어려움을 직접 체험했으며, 하자 수리비 등으로 월세 수입이 사실상 전혀 남는 게 없는 사실도 알았다.

비록 시행착오가 있었지만 나는 시장 전체의 밑그림을 알게 됐고 인내심을 가지고 버티는 강점이 내게 있다는 것을 발견했다.

그래서 변동성이 심한 주택 투자보다 토지 투자 쪽이 나의 성향과 잘 맞겠다고 생각했다. 이후에 리스크가 적은 투자 방법으로 서울 안에 똑똑한 아파트 한 채 마련하는 것을 목표로 했고, 나머지는 토지 투자 쪽으로 방향을 틀었다. 그리고 40대부터 우량 수익형 자산으로 서서히 전환하는 장기 투자 계획도 세웠다.

우리 사회의 빈부격차가 점점 더 심해지면서 '조물주 위에 건물주'라는 다소 희화화된 표현이 입에 오르고 있다. 요즘 청소년은 어릴 때부터 부자 되기를 꿈꾸며 대학 전공도 부동산 관련 학과를 선택하는 학생이 늘고 있다. 이런 현상을 보면 대한민국이 점점 더 배금주의로 가는구나 하며 씁쓸하고 안타까운 시선을 보내는 사람도 있다.

하지만 시대는 계속 변하는 법이다. 변화를 놓고 갑론을박하면서 정부와 부자를 욕해봐야 자신에게 달라지는 건 없다. 오히려 부정적인 생각과 외면은 내 눈을 가리고 머리를 굳게 만든다.

결국 투자의 기회가 자신의 눈앞에 있어도 발로 차버리고, 세월이 흐른 뒤 자신에게 온 큰 기회 중 하나였다는 사실을 깨닫고 후회하게 된다.

모든 상황은 긍정과 부정이 공존한다. 현대의 자본주의가 배금주의를 만들기도 했지만 물질적 풍요를 가져다준 것은 자명하다. 세상의 발전은 각자가 할 수 있다는 생각과 긍정의 에너지로부터 시작한다.

투자자로서 성공하기 위해서는 주어진 상황의 긍정적인 면을 바라봐야 한다. 그래야 거기에 숨겨진 기회를 보고 부를 이룰 수 있다. 부동산과 투자 공부를 스무 살 나이에 시작한 사람은 이른 나이에 부자가 될 가능성이 매우 높다. 이들은 자신의 또래가 스펙 쌓기 공부에 전념할 때 이미 자신만의 투자 철학과 기준을 만들었기 때문이다.

자본주의에서는 소유한 자본의 규모에 상관없이 자본의 재투자는 필수 사항이다. 그것은 자본주의의 속성상 숙명과도 같다. '투자 철학'은 자본주의에 적응하기 위한 자신만의 자산 관리 기준이다.

부동산 투자를 계속하다 보면 누구나 예외 없이 슬럼프 기간을 맞는다. 본인이 생각한 것과 모든 국면이 거꾸로 가는 현상을 보는 시기가 오기 때문이다. 그럴 때 주위 사람의 이야기보다 자신이 쌓은 지혜와 소신에 대한 확신이 필요하다. '부화뇌동'은 곧 투자의 실패로 이어지기 때문이다.

나는 부동산 시장이 얼어붙은 불황기를 기회로 생각했다. 그때 공인중개사 자격증을 취득했고, 독서와 운동 등 자기관리에 힘썼다. 동시에 불황 때 사람들이 부동산을 어떻게 바라보고 생각하고 행동하는지, 그리고 어떤 현상이 벌어지는지 등을 지켜보고 나만의 지혜로 만들기 위해 노력했다. 지나고 보니 불황기가 나의 투자 내공을 더 탄탄하게 만들어준 시기였다.

살면서 좋은 시기든 힘든 시기든 모두 자신에게 기회라고 생각해야 한다. 그 시기가 주는 의미를 되짚어보고 긍정적으로 받아들이면 평생 써먹을 지혜와 내공으로 보답한다.

한 방을 노리는 당신,
한 방에 훅 간다

경제학자인 애드워드 챈슬러가 쓴 저서《금융투기의 역사》를 보면 인류가 만든 투기사건의 기원으로 알려진 이야기가 나온다. 바로 17세기 네덜란드에서 일어난 '튤립 투기사건'이다.

초기에 튤립은 귀족과 부유층의 전유물이었고 꽃의 색깔에 따라 황제, 총독, 제독 등 계급으로 구분하여 이름을 붙였다. 튤립은 만개할 때까지 무늬와 색깔을 예상할 수 없고 우연성이 겹쳐 가치가 더 커졌다.

당시 평범한 튤립 한 뿌리의 가격은 네덜란드 노동자의 평균 연봉의 6배에 달했다. 그럼에도 튤립 가격은 계속 폭등해 가난한 농민들은 튤립 한 뿌리에 인생을 걸었다.

튤립의 적정가격이 얼마인지 밝히려는 시도는 거의 없고, 결국 실체가 없는 탐욕의 바벨탑은 1637년에 붕괴되었다. 일확천금을 노리고 집과 가재도구를 팔아 튤립에 투자한 농민과 서민은 생지옥으로 떨어지고 말았다.

이 사건의 줄거리에서 튤립이라는 단어 대신 '부동산 갭투자' '주식' '비트코인' 등으로 바꾸어 넣으면 마치 지금 시대도 잘 들어맞는 이야기처럼 느껴진다. 누구나 마음 한 편에 '돈을 빨리 많이 벌고 싶다'는 욕구가 존재한다.

카지노나 경마 등이 세계적인 거대 비즈니스로 성장하는 것을 보면 이것은 인간의 근원적이고 보편적인 욕망 중의 하나임이 분명하다. 부동산 시장의 폭등과 폭락 역시 욕망과 두려움에서 기인하는 측면이 매우 크다.

요즘 정치인이 타 정당을 비난할 때 자주 쓰는 신종 사자성어로 '내로남불내가 하면 로맨스, 남이 하면 불륜'이라는 말이 있다. 투자도 마찬가지로 타인이 하면 '투기'처럼 느끼고 내가 하면 가치 있는 것에 '투자'해 가치는 계속 유지되고 더 오를 것으로 생각한다.

수년 전 연예인 K씨가 강원도 평창의 인근 땅을 20억 원에 매입했다는 기사가 보도됐다. 평창 겨울올림픽 특수를 노리고 미리 평창 인근 토지에 투자를 했다. 하지만 안타깝게도 나중에 알고 보니 그 땅은 길이 전혀 없어서 개발 자체가 불가능한 첩첩산중의 땅이었다.

소문에 의하면 그 토지를 중개한 브로커는 K씨에게 지금은 맹지로 묶여 있지만, 평창 올림픽이 열리기 전에 개발이 확실한 땅이며 개발과 동시에 대박이 날 수 있는 땅이라고 소개했다고 한다.

만약 K씨가 이 땅을 매입 전에 다른 전문가에게 검증을 의뢰했으면 피해가 없었을지 모른다. 당시에 'K씨가 업자에게 당했다. 어리석다'라는 말이 돌았지만, 사실 이와 유사한 피해 사례는 주위에 비일비재하다.

단지 피해 규모가 상대적으로 작은 수천만 원 정도라는 게 다를 뿐이다. 피해자는 혼자 속을 끓이며 피해 사실을 가족에게조차 숨기는 사람도 많다. 이런 피해를 당한 사람이 사회 곳곳에 존재하고 지금도 계속 생기고 있다.

지인인 토지 전문가는 평소에 이런 피해자의 상담을 많이 받다 보니, 이런 사람들을 구제하는 시스템을 사업화할 생각한 적이 있다고 했다.

그만큼 피해를 당한 사람이 많다는 반증이다.

이런 피해가 일어나는 근본적인 원인은 무엇일까? 바로 마음속에 존재하는 한 방을 노리는 탐욕이다. 탐욕을 잘 다스리지 못하면 자신뿐 아니라 가족까지 피해를 줄 수 있음을 명심해야 한다.

사람은 개인마다 돈을 담는 내면의 그릇이 있다. 그릇의 크기는 커지기도 하고 반대로 작아지기도 한다. 자기의 그릇이 크지 않은데, 갑자기 부를 이루거나 큰돈을 얻은 사람이 부와 돈을 지키지 못하는 이유는 내면의 그릇이 부의 크기와 무게를 감당하지 못하기 때문이다.

돈을 모으고 절약하는 생각을 한 번도 하지 않은 사람이 어느 날 갑자기 부자가 되기는 사실상 불가능하다. 이는 현재 가난해서가 아니라 돈에 대한 관점과 다루는 내면의 그릇이 작기 때문이다.

10만 원의 소중함을 모르는 사람은 100만 원을 모으기 어렵다. 그런 사람은 작은 돈이 모여 큰 자산이 될 때까지 기다리는 인내심이 없다.

당신의 돈 그릇을 키우려면 지금 수입과 지출을 통제하고 작은 돈도 꾸준히 일정하게 저축하는 트레이닝부터 시작해야 한다. 무엇보다 새나가는 돈을 최대한 막고 허영심에 저지르는 무리한 지출을 통제해야 한다.

또 평소 투자에 관심을 가지고 강의나 세미나, 동호회에 참석하여 처지가 비슷한 사람이 어떻게 어려움을 극복하고 투자에 성공했는지 공부해야 한다.

특히 내 집 장만이 목표인 직장인이거나 사회 초년생이라면 나의 조언에 더 귀를 기울여 주기 바란다.

당신의 돈 그릇 키우려면
수입지출 통제하고 저축부터

한 방을 노리는 마음은 비단 부동산 투자에 국한되지 않는다. 직장인에게는 부동산 투자보다 주식 투자가 손쉽게 접근 가능한 재테크 수단이다. 투자 방법이 쉬운 만큼 주식 시장에는 더 많은 '한 방 투자자'가 판을 친다.

혹시 주위에 주식 투자로 부자라고 부를 정도로 돈을 번 사람을 보았는가? 나의 경우, 주식 투자로 돈을 번 사람보다 큰돈을 잃었다는 사람의 이야기를 더 많이 들었다.

주식이 투자 상품으로써 적합하지 않다는 이야기를 하려는 게 아니다. 주식이든 부동산이든 각 영역에서 부를 이룬 사람은 반드시 있다.

하지만 주식 시장에서 돈을 번 사람보다 잃은 사람들이 더 많은 이유는 대부분의 투자자가 주식 시장에 대한 철저한 공부와 투자 종목에 대한 검증 없이 오직 '투자로 얼마나 벌 수 있을까?' 라는 욕심이 먼저 앞서기 때문이다.

직장인 투자자 중에는 자신을 냉철하게 통제하며 미래가치를 지닌 우량주에 투자해서 괜찮은 수익을 가져가는 경우를 여럿 보았다. 그들이 나중에 수익을 어떻게 재투자했는지 모르겠지만, 꾸준히 노력하고 소신을 유지하면 다른 투자에서도 역시 성공할 것이라고 생각한다.

같은 이치로 스스로 과욕과 탐욕을 조절하지 못하면 투자에서 승자가 되기 어렵다. 소위 한 방을 노리는 투기성 투자자도 주식 시장에서 좋은 사이클을 만나면 꽤 큰돈을 벌 수 있다. 그런 사람 대부분은 주식 투자만큼 돈을 쉽게 버는 곳이 없다는 확신에 다시 주식에 재투자한다.

운이든 실력이든 주식 시장에서 상당한 돈을 벌면 대부분의 투자자는 본인의 투자 능력을 과신한다. 마치 본인이 주식 전문가가 된 착각에 빠진다.

자신은 이제 차트 분석법에 통달했고, 투자하려는 회사의 기업가치와 재무구조 등 여러 리스크를 종합 분석만 하면 주가를 예측할 수 있다고 생각한다.

그래서 이제 막 시작한 투자자에게 훈수를 두고 멋지게 조언까지 한다. 여기서 더 나아가 내공이 약한 시절에는 우량주 위주로만 투자했는데, 이제 실력도 어느 정도 쌓였으니 과감하게 벤처기업 주식과 파생상품 투자에 도전한다.

벤처기업 주식은 세력들의 움직임을 간파하고 빨리 대응한다면 지금 종잣돈의 2배를 버는 것은 아무것도 아니며, 파생상품 역시 큰 리스크가 있지만 종목만 잘 찾으면 감수한 리스크만큼 더 큰 수익이 돌아올 것이라고 확신한다. 하지만 이런 방식을 답습한 지인은 2008년 글로벌 금융위기 때 회복하기 힘든 큰 손실을 보았고 결국 주식 시장을 떠날 수밖에 없었다.

그가 실패할 수밖에 없던 이유는 무엇일까? 주식 시장이 문제일까? 금융위기가 가장 큰 원인일까? 아니면 주식 종목을 잘못 선택한 과오일까?

가장 큰 원인은 바로 탐욕과 자기 과신 때문이다. 주식 시장은 부동산과 달리 가격 변동의 속도가 매우 빨라 개인 투자자가 선제적으로 대응하는 것은 사실상 불가능하다. 주식시장의 속성과 리스크를 안일하게 생각하고 전 재산을 올인하는 것은 스스로 화를 자초하는 일이다.

투자 시장에는 돈을 버는 사람과 잃는 사람이 공존한다. 돈을 버는 투자자가 되고 싶으면 먼저 투자의 목적과 방법, 기준 등을 명확히 해야 한다.

투자에 실패하는 가장 큰 이유는 '일단 돈만 벌면 된다'라는 마음가짐이다. 이는 바로 '한 방을 노리는 투기적 마인드'의 유사품이다.

욕구와 탐욕은 엄연히 다르다. 순수한 욕구는 긍정적인 생각을 만들고 행동에 옮길 동기부여를 제공한다.

그러나 탐욕은 눈을 가리고 귀를 막아 낭떠러지가 앞에 있어도 알 수 없게 만든다. 한 방을 노리는 사람이 아닌 통찰력을 지닌 투자자가 되기를 바란다.

POINT
싸고 좋은 땅이 있을까?
토지 투자를 해보지 않은 사람들은 늘 싸고 좋은 땅을 찾아야 한다고 외친다. 이는 누군가가 자신이 보유한 삼성전자 주식을 시가의 반값에 내놓기를 기다리는 것과 같은 이치다. 향후 확실한 개발 호재를 품고 있는 토지는 이미 그 가치에 맞는 가격을 형성하고 있는 것은 너무나 당연하다. 이 부분이 아직도 잘 이해가 안 간다면 만약, 자신이 지금 좋은 땅을 가지고 있다면 누군가에게 싸게 팔 의향이 있는지에 대해 스스로 한 번 생각해보자.

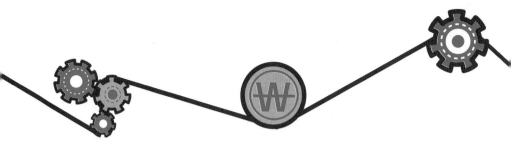

지나친 긍정,
지나친 부정 모두 해롭다

요즘은 연령층에 상관없이 공인중개사 시험을 준비하는 사람이 점점 늘어나는 추세다.

2019년 기준, 과거 5년간의 통계를 보면 시험 응시 인원이 매년 10% 이상 증가하고 있다. 대학생, 주부, 직장인 할 것 없이 주말이면 부동산 투자 스터디 모임이나 강의에 참여하는 등 부동산 투자 열풍이 유행처럼 번지고 있다.

재테크 수단으로 부동산이 매력적이라는 것을 의미하지만, 다른 한 편으로는 재테크를 하지 않으면 경제적으로 미래가 불확실한 지금의 사회 분위기를 보여준다고 할 수 있겠다.

많은 사람이 부동산 투자로 돈을 벌고 싶은 마음이 있지만, 막상 투자에 나서면 여러 가지 장애물을 만나게 된다. 특히 얕은 지식으로 과신에 빠져 투자에 실패하거나, 반대로 지나치게 두려워해 좋은 기회를 놓치는 경우 등이 대표적이다.

미디어 전략가이자 작가인 라이언 홀리데이는 저서 《돌파력》에서 다음과 같이 이야기했다.

"겉으로 드러나는 모습에 속으면 안 된다. 중요한 것은 속이다. 우리는 환상을 걷어내고 다른 사람들이 믿는 것 혹은 두려워하는 것을 다른 각도에서 바라보는 방법을 배워야 한다. 앞에 가로놓인 '문제'를 문제로 인식하지 않는 방법을 배워야 한다. 그러기 위해 외관이 아니라 본질에 초점을 맞춰야 한다."

저자의 말처럼 판단을 내릴 때, 다른 사람이 믿는 것과 두려워하는 것의 실체를 파악하는 능력을 갖추어야 한다. 대상의 본질을 파악하는 통찰력과 지혜를 갖추면, 대상에 얽힌 대부분의 문제가 해결된다는 뜻이다.

이는 부동산 투자에서도 똑같이 적용되는 지혜다. 투자 대상에 대해서 내가 믿는 것과 두려워하는 것을 객관적으로 보고, 또 언제든지 더 옳은 방식으로 생각을 즉각 수정하는 유연한 자세를 갖추어야 한다. 그래야 성공 투자로 가는 시간을 단축시킬 수 있다.

그러나 대부분 사람은 실제 투자에 나서면 객관적이고 냉철한 시각을 유지하기 쉽지 않다.

예를 들어 투자 경험이 없거나 초보 투자자일수록 부동산 상승기에 투자에 뛰어드는 경향이 많다. 눈에 보이는 매물이 큰 횡재를 줄 것처럼 느끼거나, 지금 사지 않으면 마지막 기회를 놓칠 것 같은 생각이 앞서기 때문이다.

반대로 경험 많은 투자자는 주위의 의견을 무시하고 본인의 투자 경험과 지식만을 맹신하다가 실패하는 경우가 많다.

P씨는 내 지인의 친구다. 그는 2003년 당시 패션업계의 선두를 달리는 S기업에서 팀장으로 재직 중이었다. 따라서 그는 의류업종에 종사하는 동대문 상가 사장들과 친분이 두터웠다. 당시만 해도 동대문 의류 상가는 도매업으로 최고 수준의 매출을 구가하고 있었다. 거기에 인터넷 쇼핑몰이 활성화되기 초기 단계였고 2002 한일월드컵 등의 특수까지 겹쳐 중국, 일본 관광객이 문전성시를 이루던 때였다.

동대문 의류업의 상황을 꿰고 있던 P씨는 과감하게 새로 들어선 G쇼핑몰에 수억 원을 투자해서 분양을 받았다. 그러나 P씨와 친한 의류 상인은 동대문 쇼핑몰이 지금 호황을 누리지만 수가 너무 늘어나 매출이 점점 감소하는 추세라며 P씨의 투자를 만류했다. 그럼에도 P씨는 자신의 감을 믿고 투자를 감행했다.

그러나 안타깝게도 G쇼핑몰 내부자가 저지른 부정으로 투자 후 1년도 안 돼 분양사기 사건에 휘말렸다. 수년이 지난 후 분쟁의 상당 부분은 해결됐으나, 계속되는 의류업종 불경기로 상가는 아직도 임차인을 받지 못하고 공실로 있어 P씨의 손해는 눈덩이처럼 늘어났다.

P씨는 자신을 너무 믿은 나머지 결국 투자에 실패했다. 그가 자

신의 감이나 과거 경험보다 지인의 조언에 귀 기울이고 면밀히 리스크를 진단했다면 실패를 피할 수도 있었다. 그가 실패로부터 큰 교훈을 얻었겠지만 이에 대한 수업료를 톡톡히 치렀다.

투자할 때 과거 경험에 대한 맹신이나 과신은 실패로 이어질 수 있는 점을 명심해야 한다.

이와 비슷하게 과거 타인의 성공 사례를 좇아 리스크에 대한 면밀한 분석 없이 투자에 뛰어드는 일도 많다. 예를 들어 상가나 오피스텔 투자의 경우 상권과 유동인구에 관한 조사와 분석 없이 분양업체나 중개인의 말만 믿고 투자했다가 오랜 공실과 낮은 월세 수입으로 고통을 받을 수도 있다.

또 쉽게 접근이 가능한 투자 상품일수록 숨은 리스크가 많아 투자를 결정할 때 더욱 신중을 기해야 한다. 그러한 투자 상품은 결국 공급이 넘쳐날 가능성이 높고 결과적으로 수익률 하락으로 이어지기 때문이다.

어설픈 지식과 지나친 두려움
자산 증식의 기회 멀어져

자신의 경험과 과거 성공 사례에 대한 과신으로 인한 투자 실패는 투자 경험이 있거나 투자를 전문업으로 하는 사람에게 오히려 더 자주 발생할 수 있다.

반면에 투자에 대한 두려움과 지식 부족으로 좋은 기회를 놓치는 경우는 직장인에게 많이 일어난다. 이들은 부동산 투자를 투기로 보거나 언론이나 책을 통해 접한 부동산 폭락론을 신봉하는 경향이 많다.

또 부동산 투자는 자신과 맞지 않거나 자기 능력으로 할 수 없다고 지레 포기하는 등 투자 자체에 대해 부정적이고 막연한 두려움을 가지고 있다. 이런 사람은 부동산 시장이 하락기 혹은 침체기일 때 부동산에 투자하지 않은 자신을 뿌듯해한다. 자신의 믿음에 따른 선택이 맞았고 앞으로도 믿음대로 선택하면 된다고 생각한다.

하지만 부동산 상승기나 폭등기가 오면 고민에 빠진다.

주위에 부동산 자산을 가진 동료의 웃음꽃이 핀 얼굴을 볼 때 마음이 쓰리다.

스스로 집을 마련할 능력이 있어도 사지 않는 사람은 집을 재테크 수단으로 보기 때문이 아닐까? 집값이 더 떨어질지 모른다는 두려움에 10년 넘게 전세로 사는 사람과 어차피 살 곳은 있어야 하고 장기적으로 전세 비용 상승, 이사 비용 절감 등을 고려하여 내 집을 마련한 사람 중 누가 더 집을 재테크의 수단으로 보는지 생각해보자. 자신의 어설픈 지식에서 기인한 지나친 두려움은 자산 증식의 기회와 내 집 마련의 꿈을 점점 멀어지게 만든다.

한 때 늘 최고 주가를 누렸고 불황이라는 단어와 어울리지 않은 동대문, 명동, 종로 상권들조차 현재는 긴 불황기를 맞고 있다.

상권도 경기 순환 주기처럼 활황과 불황을 반복한다. 부동산 시장 역시 주기적인 사이클을 가지고 움직인다. 단지 주식 같은 투자 상품에 비해 변동성과 주기가 느리고 완만하기 때문에 사람들이 인지하기 쉽지 않을 뿐이다.

부동산 시장의 사이클과 돈이 흘러가는 경제학적 메커니즘을 함께 이해하면 부동산 투자에서 쓸데없는 과신이나 막연한 두려움을 일소시킬 수 있다.

과신은 실패의 요인
합리적 의심이 필요

현재의 부동산 시장을 분석할 때, 과거 부동산 시장의 역사와 패러다임이 현재는 맞지 않을 수 있다는 합리적인 의심이 필요하다. 과거에 그랬기 때문에 지금도 그렇다는 논리는 맞을 수도 있고 틀릴 수도 있다.

투자 시장에서는 단지 예측만이 존재할 뿐이다. 투자에서 가장 위험한 것이 바로 합리적 의심 자체를 멀리하는 것이다. 합리적 의심은 자신의 믿음과 생각이 절대적이라는 아집에 빠졌는지 돌아보게 하고, 새로운 것을 알려는 욕구를 일으켜 자신의 무지함을 일깨워 준다.

과신은 자신을 실패로 떨어뜨릴 수 있다. 반대로 두려움은 어떠한 선택도 못하게 손발을 묶어 놓는다. 이러한 점을 교훈 삼아 시소의 정중앙을 맞추듯 관점을 잘 조절하면 자기만의 성공 투자 방법을 찾아내 부자가 되는 목표를 앞당길 수 있다.

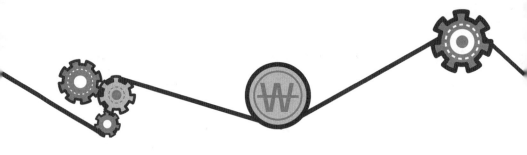

돈에 대한 생각부터 바꿔라

'돈'이라는 단어를 생각하면 머리에 어떤 것이 가장 먼저 떠오르는가? 돈은 행복을 가져다주는 좋은 것이라고 느껴지는가? 아니면 돈 때문에 괴롭고 힘들었던 기억이 떠올라 돈 없는 세상에서 살고 싶다고 생각하는가?

부유함을 추구한다면, 반드시 이런 질문을 스스로 묻고 답을 구해볼 필요가 있다. 이유는 돈에 대한 평소 생각이 가난과 부유함을 결정하며, 돈에 관한 생각과 사고방식의 변화가 부를 이루기 위한 첫 단계이기 때문이다.

'돈은 그냥 돈일뿐이지 거창하게 돈에 대한 생각이나 사고방식까지 물어보냐고 반문할 수 있다. 하지만 돈에 대한 생각이 부를 이루는 것과 밀접한 관련이 있는 증거를 굳이 성경이나 인류의 역사에서 찾지 않더라도 현재 부를 이룬 사람의 저서를 통해서 충분히 확인할 수 있다.

성공한 부자가 수많은 역경을 딛고 부유함을 이룬 가장 큰 이유는 돈에 대한 생각과 믿음이 보통 사람과 달랐기 때문이다. 그들은 '돈은 좋은 것' '돈은 자신과 인류 모두에게 이로운 것' '돈은 모두에게 행복을 가져다주는 것'과 같은 생각을 마음 깊숙이 받아들이고 되새겼다.

나는 부동산 투자를 시작한 이후 자수성가한 부자의 성공 노하우를 알기 위해 그들의 저서를 비롯한 다양한 책을 읽었는데, 그들의 사고방식 공통점과 행동 철학을 요약하면 다음과 같다.

1. 돈과 부를 이루는 것에 대해 긍정적인 생각을 가졌다. 돈이 행복의 척도는 아니지만 행복의 필수 요건이라고 생각한다.
2. 단 한 명도 예외 없이 반드시 크고 작은 실패의 경험이 있었다.
3. 실패를 통해 얻은 쓰라린 교훈을 통해 엄청난 사고의 전환이 일어났다. 생각과 사고방식이 바뀌는 순간부터 이전에는 상상할 수 없던 큰 부를 이뤘다.
4. 자신의 생각과 사고방식이 자신의 인생을 결정한다는 진리를 깨달았고, 그것을 세상 사람들에게 알려주려고 노력한다.

생각과 말은 무한한 힘을 가지고 있다. 생각과 말은 잠재의식 영역에 저장되어 있다가 필요한 때 미래의 행동 에너지원으로 쓰인다. 자신이 의식적이든 무의식적이든 내뱉는 말과 분출하는 생각은 잠재의식에 고스란히 기억되어 자신의 말과 행동, 사고방식을 움직인다.

생각이 말로 표현되면 말은 다시 잠재의식에 입력되고 추후 다시 생각이나 말로 순환되는 구조를 가지고 있다. 이렇듯 자신의 생각과 내뱉은 말은 잠재의식에 쌓여 미래의 운명을 좌우하기 때문에 우리는 평소에 훈련을 통해 그것을 긍정적으로 바꾸려는 노력이 반드시 필요하다.

당신이 지금 부유하지 않다면 평소 돈에 관한 자신의 생각과 말을 살펴봐야 한다. 혹시 당신은 다음과 같은 말을 자주 하지 않는가? '돈은 먹고 살 만큼만 있으면 된다' '돈이 인생의 전부는 아니다' '돈에 영혼을 팔지 말자' '난 돈 때문에 일하는 게 아니다' '그 사람은 돈만 밝힌다' '돈이 없으면 없는 대로 그냥 살면 된다' '돈 많은 네가 쏴야지' 이런 문구들을 읽으면 어떤 느낌이 드는가?

최소한 돈이라는 것을 긍정적으로 보지 않는 느낌이 들 것이다. 돈은 인생에서 중요하지 않다는 의미로 자신과 주위 사람에게 말하고 다니는 이가 돈을 많이 벌게 된다면 이것은 매우 이율배반적인 일일 것이다. 또한 과거에 자신이 쏟아낸 말과 생각이 진심이었다면 현재 부유하게 된 자신의 모습을 바라보면서 마음 한 편에는 왠지 부끄러움과 죄의식의 감정이 생길 수도 있지 않을까?

일본 자기계발 전문가 이구치 아키라는 저서 《부자의 사고, 빈자의 사고》에서 가난한 사람이 돈을 보는 사고방식에 관해 이야기하는데, 어떤 사람이 돈에 대한 부정적인 이미지를 가지면 돈 모으는 일에 '수치심'이 파고든다고 한다. 미처 의식 못하는 사이 돈에 대한 부정적인 이미지가 따라다니는 것은 금욕과 절약을 중시하는 동양 특유의 사회적 분위기 탓도 크다고 말한다.

저자의 말처럼 돈에 대한 부정적인 생각은 돈이라는 존재를 받아들일 마음의 준비가 안 돼있다는 것을 의미한다. 과거 연애 시설을 돌이켜보면 상대방의 부정적이고 좋지 않은 면만 봤을 때 그 사람과 자연스레 멀어지고 결국 헤어지는 경험이 있을 것이다.

마찬가지로 돈도 긍정적인 생각으로 받아들이지 않으면 돈은 이내 떠난다. 잠재의식에 '돈은 나와 함께 하기에 불편한 존재'라고 각인됐기 때문이다.

긍정은 긍정을 부르고 부정은 부정을 부른다

사람이 돈을 대하는 태도와 행동을 보면 현재 부의 정도를 대강 짐작할 수 있다. 부를 이룬 사람은 다른 이의 부유함을 들으면 어떻게 부를 이루었는지 귀 기울이고 경청을 한다. 그리고 성공에 존경을 표시하고 삶의 방식이나 투자 노하우 등을 적극적으로 배우려고 노력한다.

반대로 가난한 사람은 부유한 사람에게 시기와 질투 어린 말을 많이 하고, 부자의 대부분은 좋은 부모를 만났다던가, 운이 아주 좋은 사람이라던가, 투기를 했을 것이라는 등의 선입견을 가지는 경향이 있다.

저자 역시 투자에 대해 문외한이던 시절에는 경제적으로 여유가 없는 사람들이 부자들을 욕하는 것은 충분히 납득할 수 있는 일이고, 또한 부자들만이 다른 부자들을 호의적으로 받아들일 수 있다고 생각했다.

그런데 부자들의 여러 성공담을 읽은 후, 잠재의식에 있는 이러한 부정적인 생각들이 나 자신이 부유하게 되는 것을 막는 근본 원인이란 것을 깨달았다.

일반적인 상식에 비추어 보아도 부자를 좋게 생각하지 않는 사람이 시간과 비용을 들여 부자의 생각을 굳이 배우려 하지는 않을 것이다. 돈과 부자에 대해 부정적인 사람들은 성공한 사람이 전하는 메시지 또한 부정적으로 받아들이는 경향이 강한데, 그들이 이야기하는 공통된 내용은 주로 아래와 같다.

'부자가 됐다는 성공담을 써 놓은 책이나 자기계발서 같은 책은 거의 다 내용이 비슷하다. 그래서 나는 더이상 그런 책을 읽는 데 시간을 낭비하고 싶지 않다. 그 시간에 다른 공부를 하는 게 더 낫다.'

이런 내용을 재해석하여 그들의 속마음을 헤아려보면 다음과 같이 쓸 수 있지 않을까?

'부자가 된 사람은 실제로 노력에 의해서 된 사람은 거의 없어… 말만 그렇게 하는 거지… 그런 특별한 방법이 있다면 내 주위에 사

람 모두 이미 부자가 되었어야 맞겠지… 생각을 바꿔서 부자가 될
수 있다면… 생각만 바꾸면 지금 당장 대통령도 될 수 있겠구먼…
앞뒤도 맞지 않는 이런 책이 계속 출간되는 게 참 이해가 안 돼…
자기 자랑도 정말 어지간히 해야지….'

어떤가?

당신도 과거에 이와 비슷한 생각을 해본 적이 있는가?

아니면 지금도 이런 생각에 동의하는가?

나 역시 과거에는 이런 부정적인 생각을 자주 했던 사람 중의 한
명이다. 막연하게 돈을 많이 벌고 싶은 생각은 했지만 무슨 일을 해
도 늘 꼬이는 느낌이었고, 독서를 한다거나 배워야겠다는 생각은
전혀 못했다.

당시에는 나 역시 부자 대부분은 가진 돈으로 투기나 투자를 잘
했거나 또는 운 좋게 부모를 잘 만나서 큰 어려움 없이 부를 이룬 사
람일 것이라고 여겼기 때문이다.

평소 돈과 부자에 대해서 부정적인 사람이라면 지금부터 생각을
긍정적으로 바꾸어야 한다.

돈은 세상을 움직이는 에너지다. 에너지 자체는 좋고 나쁨이 없
다. 중요한 것은 어떤 의미를 부여하는가이다. 돈을 부정적으로 보
면 돈은 나에게 오지 않는다. 내가 돈을 잠재의식 속에서 밀어내고
있기 때문이다.

하지만 진심으로 돈과 부유함을 좋은 것으로 받아들이고 생각을
전환하면 잠재의식에 변화된 돈의 이미지는 돈이 생길 일을 나에게

가져다준다.

  내가 원하는 게 돈이든 다른 어떤 것이든 대상에 대한 긍정적인 생각이 그것을 나에게 가져다준다는 힘의 원천이라는 사실을 꼭 기억하자.

POINT

미국 연방준비은행(Federal Reserve Banks)

1913년에 설립되었으며, 미국 달러의 발행권을 가지고 있는 미국의 중앙은행이다. 그런데 은행의 주주는 미국 정부가 아닌 대형 민간 은행들이다. 전 세계의 기축통화인 달러를 미국 정부가 아닌 민간 은행이 발행한다는 것은 참 아이러니한 사실이다. 전 세계적인 빈부격차 현상의 원인이 바로 이 FRB가 아닐까?

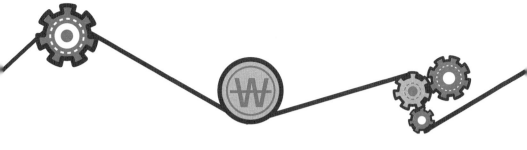

투자에 앞서
숲을 보는 지혜를 키워라

어떤 일을 수행할 때 일의 전체적인 그림이나 흐름을 보지 않고 지엽적인 부분에만 몰입하다 보면, 최종 목적이나 방향에 맞게 일이 진행되는지 파악하기 어렵다. 일의 작은 조각 하나하나는 완성되었지만, 최종 목표와 맞지 않으면 무용지물이 된다.

부동산 투자도 전체적인 그림 즉 숲을 먼저 본 후 투자의 방향과 목적을 잡는 게 중요하다. 이런 과정을 생략하고 주위의 권유나 혹은 투자 상품이 지금 상승세를 타고 있다는 이유 하나로 투자에 나서면, 성과를 그냥 운에 맡기는 것과 다를 바 없다.

부동산 투자에서 '숲을 본다' 또는 '큰 그림을 본다'라는 게 무슨 뜻일까? 여러 의미가 있는데, 내 경험에 의하면 다음의 지표들이 가장 핵심 요소라고 생각한다. 즉 '투자하려는 부동산 상품의 수요와 공급 분석' '화폐의 인플레이션에 대한 지식' '글로벌 자금의 유동성에 대한 이해' '정부 정책의 효과와 실효성' '부동산 시장에 미치는 언론 기사의 영향도 파악 및 시장 예측' 등이다.

이런 지표들을 통해 부동산 경기뿐 아니라 화폐와 실물 경기 등도 파악할 수 있다. 부동산 시장은 국내외 화폐 및 실물 경기 등과 실타래처럼 연결되어 있기에 실패하지 않는 투자를 위해서는 투자 상품에 대한 분석과 지표들의 동향에 늘 관심을 가져야 한다.

화폐의 인플레이션과 글로벌 자금의 유동성을 뜻하는 '핫머니_{비핵심대출}' 등은 제1장에서 이미 다뤘다. 정부 정책은 다음에 연결되는 주제에서 다루므로 이번 장에서는 나머지 지표들에 관해 언급하겠다.

'부동산 투자'라고 하면 머릿속에 먼저 떠오르는 게 주택에 대한 투자이다. 특히 한국인이 가장 좋아하는 주거 방식인 아파트가 떠오를 것이다. 아파트 투자를 하기 전에 아파트의 수요와 공급을 어떻게 확인할까?

아파트의 공급량은 신규 아파트의 공급을 먼저 확인하는 것이 중요하다. 신규 아파트의 공급량은 재개발, 재건축 시장 전반에 큰 영향을 미치는 요소이며, 내 집 마련하려는 사람의 대다수가 새 아파트 즉 신규 분양을 1순위로 선호하기 때문이다.

해당 지역 내 신규 아파트의 미래 공급량을 빠르게 아는 방법은 그 지역의 주택건설 인허가 실적을 확인하면 된다. 이는 한국부동산원 통계사이트r-one.co.kr를 통해서 알 수 있다.

아파트는 분양 후 완공까지 약 2년에서 2년 6개월 정도 소요되는

데, 분양은 보통 건축 인허가가 난 이후에 바로 진행되므로 인허가 뒤 2~3년 후에 입주가 완료된다고 보면 된다. 그러므로 어떤 해에 인허가 실적이 유달리 많으면 2년 후에는 해당 지역에 아파트 공급량이 늘어난다고 예측할 수 있다.

아파트 공급량이 가격에 미치는 영향을 더 정확히 파악하려면, 해당 지역 인근의 아파트 공급량을 비교 분석해야 한다. 예를 들어 경기도는 신도시 조성 등으로 아파트 공급량이 2년 후에 늘어날 것으로 예상되는데, 상대적으로 서울의 2년 후 공급량은 거의 없다고 생각해보자. 이럴 경우 경기도의 아파트가 서울의 아파트 수요를 일부 흡수하기 때문에 서울의 아파트 가격은 대체로 안정적이거나 조금 떨어질 가능성이 높다고 판단할 수 있다.

부동산 시장은 대내외 금융의 유동성, 정부 정책 등 복합적인 요소에 의해 움직이기 때문에 수요와 공급 지표 하나만으로 가격 동향을 판단하기에 다소 부족하다. 그러나 실수요자에게는 단기적인 가격의 흐름을 파악하여 적절한 매수시기를 따져볼 유용한 지표가 된다.

내 집 마련이나 미래를 위한 부동산 투자를 준비 중이라면 먼저 부동산 시장의 전반적인 동향을 파악하는 게 급선무다. 손쉽게 부동산 시장 소식을 접할 수 있는 것은 언론매체다.

언론은 어느 지역의 상승 또는 하락을 수치와 함께 시시각각 주택, 토지 정보를 보도한다.

그렇다면 언론 기사를 그대로 믿고 집이나 땅을 매입해도 될까?

부동산 관련 뉴스가 어느 정도 사실을 전달하고 실제 시장의 현황을 가감 없이 알려주는 면도 분명히 있다. 그러나 언론 보도는 해당 언론사에 따라 시장 현상을 부풀리거나, 축소해 보도한다는 것을 알아야 한다.

부동산 관련 보도의 대부분은 부동산 담당 기자가 작성한다. 물론 기자도 전문가의 의견을 참고하여 보도하지만, 실제 현장과 맞지 않는 보도도 많고 자극적인 제목으로 시장 상황을 호도하는 경우도 있다.

경제 시스템 잘 알아야
시장변화 능숙하게 대처

부동산 보도를 자주 찾아보았으면 '서울 집값 0.1% 하락'과 같은 식의 제목을 본 적이 있을 것이다.

과연 서울의 집값이 실제로 0.1% 하락했으면, 이 지표만으로 서울 집값이 모두 하락했다고 판단할 수 있을까? 아니면 '곧 하락이 예상 된다'라는 의미로 해석해야 할까? 나는 잘 이해가 안 된다.

서울의 총 가구 수는 2018년 기준 대략 380만 가구에 이른다. 수백만 채에 달하는 주택 수를 기준으로 평균 0.1%의 가격 하락이라면, 도대체 이 수치는 무엇을 의미하는 것일까? 집값이 5억 원인 서울 아파트를 기준으로 0.1%면 '50만 원'이다. 문장 그대로 해석하면 5억 원짜리 물건이 50만 원 내렸다는 의미다.

조만간 서울의 아파트를 살려는 사람에게 과연 이 보도 기사가 어떤 도움이 될지 나는 잘 모르겠다. 부동산 시장의 가격 동향을 마치 주식 차트 분석하듯 보도하는 걸 보면 솔직히 한숨이 나온다.

언론사는 부동산 뉴스를 하루 단위로 보도해야 하고, 뉴스를 접하는 사람들의 최대 관심사가 아파트이므로 이런 식의 보도가 불가피한 점은 이해가 된다.

하지만 아직 현장의 중요성을 알지 못하는 초보 투자자에게 이런 보도들이 투자에 대한 오판을 일으키는 요소가 될 수 있다.

언론사의 부동산 보도가 여러 문제점을 안고 있지만 그럼에도 뉴스를 자주 읽고 접해볼 것을 권한다. 뉴스를 통해 부동산 시장의 전체적인 동향을 파악할 수 있고 몰랐던 부동산 지식을 얻는 점에서 상당한 도움이 되기 때문이다. 그러나 시장 동향 파악 이상을 기대하거나 투자의 지표로 삼기에는 적절하지 않다.

투자를 위한 정확한 지침을 원한다면 부동산 전문가의 칼럼이 큰 도움이 된다. 좋은 칼럼은 따로 스크랩해 두면 나중에 당시의 부동산 동향을 파악하는 소중한 자료가 된다. 또 과거의 칼럼을 통해 당시와 현재의 시장 흐름을 비교 분석해 미래를 예측해 볼 수도 있다.

물론 칼럼도 글을 쓴 전문가의 주관적인 견해가 많이 내포되어 있다. 하지만 칼럼의 내용을 자신이 알고 있는 지식과 비교 분석한 후 참고한다면 부동산 시장을 바라보는 시야를 넓히는 데 많은 도움이 된다.

부동산 투자하면서 다양한 지표들을 모두 고려하고 세세하게 분석한 후 투자하는 일은 쉽지 않다.

분석방식으로 투자의 성공을 보장하면 아마도 경제학자나 부동산학 박사들은 모두 갑부가 되어있어야 한다.

그러나 투자를 결정하기 전에 다양한 요소를 사전에 알고 하느냐, 그렇지 않으냐에 따라 분명히 성과에 엄청난 영향을 미친다. 따라서 가능한 한 숲을 보는 중요 지표들을 먼저 파악하고 분석해야 한다.

부동산은 경제 시스템과 함께 맞물려 유통되는 상품이다. 경제 시스템을 먼저 알면 어떤 시장 변화에도 능숙하게 대처하는 부동산 전문가가 될 수 있다.

 POINT

부동산의 매수 타이밍

같은 부동산을 두고도 사람의 관점에 따라 기회를 보기도 하고 위기를 보기도 한다. 이러한 차이는 부동산의 적절한 매수 타이밍을 잡을 수 있는 능력에 기인한다고 생각한다. 부동산 시장의 순환 주기를 이해하고 역발상의 관점으로 부동산 시장의 불경기를 매수 타이밍으로 볼 수 있다면 언젠가 큰 기회를 잡을 수 있다.

정부 정책의
행간을 읽고 움직여라

요즘 부동산 재테크가 유행처럼 번지고 있지만 사실 진지하게 부동산 투자에 대해 관심을 갖거나 적극적으로 배우려는 사람은 주위에 그리 많지 않다.

보통 언론이나 주위에서 들은 설익은 지식으로 갑론을박하는 사람이 대다수이며, 그중에 부동산 폭락론을 믿거나 부동산 투자 자체를 부정적으로 생각하는 사람도 많다. 이들은 집값이 떨어질 때 집을 사는 것은 어리석은 사람의 행동으로 치부하다가, 반대로 집값이 오를 때는 추격매수를 하지 않으면 집을 영영 사지 못할 것처럼 조바심 내는 경향을 보인다.

나는 부동산 투자를 하면서 2008년 미국 서브 프라임 모기지 사태 때문에 발생한 집값 폭락과 2014년 박근혜 정부의 대출 규제 완화 등으로 인한 집값 폭등을 직접 겪었다.

부동산 시장이 극단적으로 변할 때는 부동산을 소유하지 않은 주변 사람조차 온통 부동산 관련 이야기뿐이었다.

각각의 시기에 주위 사람의 대화 내용을 비교해 보면, 부동산 투자에 대한 일반 사람의 생각과 막연한 두려움이나 선망, 시기, 후회 등을 느낄 수 있다.

〈집값 폭락 시기 – 2008년 이후〉

- 이런 시기에 대출 받아서 집을 산다고? 그것도 미분양 아파트를 미치지 않고서야 왜 사는 걸까?
- 오죽 부동산 시장이 불황이면 정부가 빚을 내서 집 사라고 장려할까?
- 미분양이 많은 거 보면 몰라? 부동산 버블이 드디어 꺼지고 있잖아.
- 집값은 곧 폭락할 거라고 했지, 하지만 바닥은 아직 멀었다고 생각해.
- 집 장만은 거품이 다 꺼지고 나서 바닥 즈음일 때 생각해 봐야지.

〈집값 폭등 시기 – 2017년 무렵〉

- 진짜 부동산으로 큰돈을 벌 수 있긴 한가보네.
- 김 부장은 작년 분양받은 집이 3억이나 올랐다는데,

– 나도 진작 뭐라도 사놨으면 대박 쳤을 것을.

– 정부가 얼마나 급하면 강력한 규제책까지 내놓았을까?

– 정부규제도 먹히지 않고 집값이 계속 오르면 어쩌지.

– 나도 빨리 어디라도 아파트 하나 사놔야 하는데 큰일이네.

두 시기를 겪은 직장인이라면 당시에 이와 비슷한 대화를 나누거나 들은 적이 있을 것이다. 부동산 가격은 폭락해도 문제이고, 폭등해도 문제가 된다. 특히 집이라는 필수재는 더 그렇다. 정부나 국민들 대다수가 원하는 최적의 그림은 소득 수준이 증가하는 만큼 부동산 가격이 서서히 오르는 게 아닐까?

자본주의 사회에서 누구나 가지고 싶어 하는 물건이 희소가치까지 붙는다면 가격이 폭등하는 것은 당연한 이치일 것이다. 하지만 정부는 부의 편중을 차단해 계층 간의 동요를 막고, 서민의 생활비 중 가장 큰 비중을 차지하는 주거비용의 상승을 막기 위해 부동산 시장을 통제하고 제어할 수밖에 없다.

만약 서민의 주거비용 급증을 방치한다면 아마도 다음 선거에서 많은 표를 잃거나 정권이 바뀔 수도 있다.

집값 폭등과 폭락의 근본 원인은 무엇일까? 잠깐 미국 이야기를 좀 해보자. 미국을 알아야 우리나라의 경제 동향과 부동산 시장의 흐름을 제대로 파악하기 때문이다.

미국은 세계의 패권국가로 달러라는 기축통화를 발행한다. 미국은 '연방준비제도이사회[Federal Reserve Board FRB]'가 중앙은행의 역할을 대신하고 있다.

FRB의 지분은 유대계 자본과 월가의 은행이 대부분 소유하고 있어 사실상 민간은행으로 미국 정부의 의사결정에 상관없이 달러를 발행할 수 있다. 그래서 미국 정부도 필요한 돈은 FRB에게 국채를 발행해 주고 돈을 빌리는 방식을 취한다.

미국은 달러화로 전 세계 국가로부터 각종 소비재를 수입하고 있다. 그래서 미국의 수출품 1위가 달러라는 말이 나오는 이유다.

지금도 모든 나라가 질 좋은 제품을 세계 최고 국가인 미국에 수출하려고 안간힘을 쓴다. 미국으로 수출은 상품의 우수성을 전 세계에서 인정받는 보증 수표나 다름없기 때문이다. 미국은 각종 상품을 해외에서 수입하고 대금은 자국의 달러로 지불해 미국 달러는 전 세계에 풀리게 된다.

우리나라 같은 수출 주도형 국가는 수출이 잘 돼 국내에 달러가 넘치면 달러 대비 원화의 가치가 올라가는 '평가절상'이 된다. 따라서 미국이 한국산 제품을 수입할 때 동일한 제품에 대해 기존보다 더 많은 달러를 지불하기 때문에 우리나라의 대미 수출 경쟁력은 떨어진다.

경기 부양책 때 부동산 매수
경기 규제책 때 부동산 매도

이에 우리나라 정부는 떨어진 수출 경쟁력 제고를 위해 국내에 넘치는 달러를 외국에 내보려고 노력을 한다. 이때 일반적인 방법이 미국의 국채를 사들이는 것이다. 이는 사실상 우리나라가 벌은 돈을 미국에게 이자를 받고 빌려주는 것과 같다. 즉 미국이라는 은행에 달러를 예금한 것과 같다.

미국은 해외 무역에서 대부분 자국 달러로 거래를 하기 때문에 미국 국내 경기와 무관하게 미국 내는 항상 달러가 넘쳐난다. 넘쳐나는 달러는 미국 국내의 금융시장으로 흘러들어 가거나, 다시 달러가 필요한 나라에 대출이 된다. 이때 고금리 단기 대출이 일반적이다.

미국은 자국의 국채를 다른 나라에 팔아 장기간 저금리 형태로 돈을 빌려와 다시 그 돈에 고금리를 얹혀 외국에 단기대출해 주고 돈을 버는 것이다. 바로 은행이 돈을 버는 구조와 동일한 시스템이다.

이처럼 미국은 세계의 은행 역할을 하는 나라다. 전 세계가 미국의 국채를 사서 자국이 번 돈을 미국이라는 은행에 예금을 하는 것이다. 이로 인해 미국은 경기가 불황이어도 국내는 늘 달러가 넘쳐난다. 그래서 미국 중앙은행은 특별한 경우가 아니면 경기 부양 등을 위해 금리조절을 할 이유가 없다. 그래서 미국 국채는 미국이라는 나라 자체의 프리미엄으로 세계에서 가장 안전한 금융 상품이 됐다.

전 세계의 거의 모든 국가는 이제 무역 없이 살 수 없다. 또 무역은 세계 평화에도 기여한다. 돈만 있으면 세계 어느 나라로부터 물자를 공급받을 수 있기 때문에 더이상 가성비가 떨어지는 전쟁이나 침략을 통해 물자를 빼앗을 필요가 없다.

지금의 세계는 무역으로 하나가 되었다. 그 중심에 세계의 화폐인 미국 달러가 있다. 유로화, 엔화 등 다른 기축 통화도 있지만 아직 미국 달러의 위력에 비할 바 못 된다. 달러의 풍부한 유동성으로 만들어진 단기 대출 '핫머니'는 전 세계의 은행에 투입되어 각 나라의 부동산 시장을 휩쓸고 있다.

핫머니는 고금리 단기 대출이기 때문에 투자한 국가의 경기가 나빠지거나 미국 국내의 경기가 좋지 않으면 해당 국가의 투자 자산을 즉시 처분하고 곧바로 그 나라를 탈출한다. 대규모 자금이 일시에 빠져나간 나라의 금융 산업은 그야말로 '패닉 상태'가 되고 자산 시장은 초토화되는 것이다.

따라서 국내 부동산 시장은 미국 중심의 국제금융 시장에서 자유로울 수 없고 부동산 가격도 국내의 수요와 공급만으로 결정되는 게 아니라는 것을 알 수 있다.

국제 금융의 흐름으로 이미 전 세계 특히 달러를 많이 버는 선진국의 부동산 가격의 흐름은 대체로 비슷하게 동조하는 현상을 보이고 있다.

우리나라 정부도 국제 금융의 흐름을 읽고 부동산 관리 정책을 수립하고 있다. 하지만 천재지변 같은 외부의 금융 충격을 정부 정책만으로 이겨내기란 사실상 역부족이다. 그러나 정부는 최선을 다해 국내 부동산 시장을 안정적으로 보호하고 관리할 의무가 있다.

정부가 부동산 부양이나 규제 정책을 시행할 때 왜 추진하는지 투자자가 행간을 읽고 대처해야 하는 이유가 여기에 있다. 정부는 국제 금융의 흐름을 미리 읽고 한 수를 더 내다본 후 정책을 편다. 그래서 정부가 국내 부동산 시장과 엇박자 정책을 펼치는 것처럼 보일 때도 있다. 이때 정책의 의도와 국제 금융의 흐름을 동시에 교차 체크하는 노력이 필요하다.

다소 우울한 전망이지만, 앞으로 전 세계는 이전과 같은 금융위기를 다시 겪을 가능성이 높다. 우리나라가 외환 보유고를 적극적으로 관리하는 이유는 이전에 받은 큰 충격에 따른 학습효과다.

금융위기의 대응여력이 부족한 개발도상국들은 핫머니의 먹잇감이 되는 것은 시간문제다. 언제 어떤 국가가 피해를 당할지 모른다. 금융 위기의 타깃이 된 국가에 돈을 빌려 주거나 투자를 한 국가역시 연쇄적으로 피해를 볼 수 있다.

정부의 부동산 정책은 마치 멈춘 기차를 움직이거나, 달리는 기차를 세우는 것과 같다. 기차는 전체 무게 때문에 빨리 출발하기도, 멈추기도 어렵다. 관성의 법칙 때문이다.

정부의 부동산 정책에도 관성의 법칙이 작용한다. 즉시 시행했다고 바로 효과가 나타나지도 않고, 바꿨다고 효과가 바로 없어지지도 않는다. 시장의 반응이 나오는데 상당한 시간이 걸린다는 뜻이다.

센스있는 투자자라면 정부 정책 시행의 패턴을 역이용하여 부동산 매도, 매수 타이밍을 잡을 것이다. 즉 경기 부양 정책의 시행 시점을 매수시점으로 하고, 규제 정책이 시행되는 때를 매도시점으로 본다면 최적의 투자 타이밍일 수 있다.

모든 경제 현상에도 반드시 이유와 원인이 존재한다. 현대 사회의 경제 현상은 복잡도가 점점 증가하다보니 제대로 된 원인의 고리를 파악하기가 더욱 어려워지고 있다. 하지만 고리를 하나하나 따라가다 보면 안개가 걷히듯 진짜 원인의 고리가 드러난다. 부동산 시장의 흐름도 결국 전체적인 경제 현상의 흐름과 맥을 같이한다.

리스크를 최소화하는 성공 투자를 이루려면 정부의 부동산 정책과 세계 금융의 흐름을 함께 알고 대처해야 한다.

월세 받는
직장인이 되는
부동산 재테크 기술

PART 3 월세 받는 직장인이 되는 부동산 재테크 기술

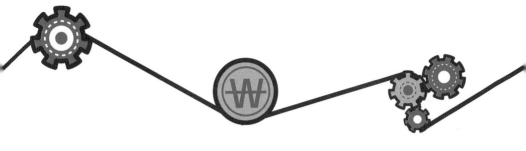

첫째도 둘째도 입지가 핵심이다

"아! 그때 여기로 이사 올 때 서울 아파트를 팔지 말고 전세를 줬다면 지금쯤 큰돈 벌었을 텐데 후회가 되네."

십수 년 전, 서울에 있는 아파트를 팔고 경기도 신도시의 아파트를 분양을 받아 이사한 사람의 푸념이다. 이런 이야기들은 아직도 부동산 시장에서 회자된다.

세월이 흐른 후 지역 간의 집값 차이가 벌어지는 이유는 부동산이 가진 입지의 특성 때문이다. 지을 당시에는 서로 외관과 가격이 비슷한 집인데 시간이 지난 후 입지에 따라 가격 차이가 하늘과 땅만큼 날 수 있다.

얼마 전 강남에 위치한 40년 된 아파트의 수도관에서 녹물이 나온다는 뉴스 기사가 나왔다. 재건축이 필요한 강남의 아파트는 노후화 정도가 심해 녹물 필터를 설치해야 수돗물을 식수로 사용할 수 있다고 한다. 강남에는 이런 재건축 대상 아파트가 즐비하다.

심각한 노후화에도 강남의 재건축 아파트의 호가는 수십억 원에 이른다. 이것이 바로 입지의 힘이다. 입지는 토지의 위치를 의미한다.

해당 토지 위에 지은 건물은 시간이 가면 부식되고 감가상각 되지만, 사람이 모여들고 도시화가 더 진행되면서 그 토지의 가격은 점점 더 상승한다.

좋은 입지의 부동산 가격이 계속 상승하는 가장 큰 이유는 금융 시장의 인플레이션과 이미 검증된 입지에 일어나는 선순환 현상 때문이다. 인플레이션이 부동산 가격에 미치는 영향은 이미 앞 장에서 설명한 바와 같다.

인플레이션으로 늘어난 화폐는 희소가치가 있는 부동산으로 더 몰리는 경향이 있으며, 이미 대중에게 잘 알려진 좋은 입지는 사람이 더 많이 모이면서 기존의 교통과 학군 등도 덩달아 좋아지는 선순환이 일어난다.

예를 들어 30년 전에는 서울과 경기도 아파트 시세가 지금처럼 큰 차이가 나지 않았다. 1990년 당시 압구정동 한양아파트 33평형의 시세는 1억3천만 원 수준이었다. 같은 해 신규 분양한 일산과 분당의 33평형대 아파트의 분양가는 5천800만 원 수준이었다. 1990년 당시 압구정동과 두 지역 아파트의 가격 차이는 2배 정도였다.

그러나 2019년 말에 이르러서는 한양아파트의 호가는 약23억 원이 되었고 일산은 평균 5억 원, 분당은 평균 9억7천만 원이 되었다.

1990년을 기준으로 2020년 현재 압구정동 한양아파트가 약 18배 오르는 동안 일산은 8.6배, 분당은 16.7배 올랐다.

이처럼 입지에서 생긴 우열의 차이는 시간이 가면서 차이가 더 벌어진다. 이런 현상은 서울과 경기도의 집값 평균치의 차이에서도 알 수 있다. 2014년 이후 5년 동안 서울의 집값은 약 27% 올랐다. 그에 반해 같은 기간 경기도는 절반 수준인 14% 오르는데 그쳤다.

서울 25개 구 중에서는 강남구가 42%로 오름폭이 가장 컸고, 중랑구가 13%로 가장 작았다. 서울 안에서도 일자리 수나 교통 편리성, 학군 등에 따라 입지의 우열이 가려진 것이다.

경기도에서는 광명이 41%로 가장 많이 올랐고 평택과 안성은 마이너스를 기록했다. 경기도는 서울과의 거리와 서울에서도 어느 구에 가까이 위치해 있는지 등의 여부에 따라 지역 편차도 심한 편이다. 한국감정원현 한국부동산원 조사에 따르면 중위가격 기준 서울 아파트는 2010년 초중반에는 경기도 아파트의 1.7배 수준이었으나 2019년에는 2.1배로 차이가 더 벌어졌다.

입지별 아파트 가격을 과거의 데이터와 서로 비교해 보면, 당시 우위에 있는 입지의 아파트와 상대적으로 입지가 떨어진 아파트의 가격 차이가 더 벌어진 것을 알 수 있다. 이런 현상은 서울과 경기도에 국한된 게 아니라 서울과 지방, 지방의 대도시와 그 인근 소도시 간에서도 마찬가지고 시간이 갈수록 그 차이는 더욱 벌어졌다.

좋은 입지는 새롭게 만들어질 수 있다. 또한 새로이 생긴 입지가 인근의 입지를 뛰어넘어 더 발전하기도 한다. 하지만 일반적으로 새롭게 생겨난 입지는 마치 중력의 법칙처럼 이미 다양한 일자리와 기반시설, 교통, 편의 시설, 학군 등을 두루 갖춘 기존 입지에 종속될 가능성이 매우 크다.

사람들은 보통 편리한 삶과 일자리 그리고 주거 안정 등이 이뤄진 곳에 일단 정착을 하면 그곳을 떠나려 하지 않는다. 그곳에서 아이를 낳고 학교 보내고 게다가 인근에 직장까지 있다면 세대를 걸쳐 정착할 가능성이 높다. 그 대표적인 곳이 바로 서울의 강남지역이다.

접근성과 주거 교육 환경
투자 우선순위로 꼽아

지금은 은퇴한 60~70대의 경우, 젊은 시절 서울 최초의 신도시인 강남에 정착한 이후에는 그들의 출가한 자녀들 역시 강남이나 가까운 판교, 분당에 자리를 잡은 경우가 많다. 이후 판교와 분당은 강남과 연결되는 교통 편의성이 크게 증대되고 편의 시설과 우수한 교육 환경 등이 들어서면서 지금과 같은 뛰어난 입지 조건을 갖추게 되었다.

일산과 분당의 아파트가 신규 분양 당시에는 비슷한 분양가로 출발했지만, 지금과 같은 가격 차이가 생긴 이유는 최고의 입지를 갖춘 강남과의 접근성과 교육 환경 등의 차이에서 기인한다. 지방 대도시나 중소도시 내 우월한 입지의 지역도 강남지역의 패턴과 유사함을 보여 주고 있다. 우월한 입지는 단시간에 쉽게 만들어지지 않지만, 일단 만들어지면 잘 바뀌지 않는 특성을 가진다.

한편 기존에 그리 뛰어난 입지가 아니던 지역이 새로이 좋은 입지로 바뀌는 일도 있다. 인근 지역에 새롭게 전철이 생기거나, 신도시 또는 대형 쇼핑몰이 건설될 때 혹은 없던 도로가 뚫려 중심지나 인근 도심까지 교통 시간이 크게 단축되는 경우 등이 이에 해당된다.

우리나라에서 가장 좋은 입지의 도시는 어디일까?

모두 알다시피 바로 서울이다. 이제 세종시가 행정수도가 되었으니 서울의 입지가 상대적으로 떨어질 수 있다는 의견도 있다.

하지만 이는 부동산의 성격과 특성을 모르고 하는 말이다. 서울은 600년 이상을 도읍지로 있고 정치와 경제뿐 아니라 모든 인프라와 첨단 기술, 국내 최고의 석학과 두뇌가 총집결한 도시다. 이제 대한민국 정부의 수도 천도 계획이 공식적으로 발표가 되었으니 서울 시민들이 동요하여 너도나도 빨리 세종특별시로 옮겨갈까?

수도 천도로 인해 대규모의 주민이 이주하는 현상은 삼국시대, 고려시대에나 일어날 수 있는 일이다. 이런저런 증거를 댈 것도 없이 미국의 뉴욕과 워싱턴, 호주의 시드니와 캔버라를 떠올리면 된다. 워싱턴과 캔버라는 각각 미국과 호주의 법적인 수도이지만 세계인에게는 뉴욕과 시드니가 더 잘 알려져 있다. 이유는 이 도시들이 그 나라의 실질적인 수도 역할을 하는 경제의 중심도시이기 때문이다. 이처럼 한 번 구축된 최고 입지의 위상은 사실상 변하기 쉽지 않다.

입지는 사람이 만든다. 즉 사람의 행동 패턴과 생활 습관 등이 입지를 만든다. 그래서 2천만 명의 거대한 인구가 거주하고 있는 서울과 경기도권에 관한 입지 패턴의 분석은 매우 유용하고 중요하다.

그렇기 때문에 각 지역의 입지를 분석할 때, 서울과 인근 지역의 입지 구성 형태를 참고하면 큰 도움이 된다.

부동산 투자에 있어서 '첫째도 둘째도 입지'라는 말은 금과옥조와 같다. 좋게 보이는 집, 예쁘게 보이는 토지도 좋은 입지 조건을 갖추지 못했다면 자기만족이나 눈요기가 될 뿐이다.

투자자는 부동산을 볼 때 외관보다는 실질적인 가치에 영향을 주는 요소와 핵심이 무엇인지 초점을 맞추어야 한다. 이처럼 부동산을 보는 관점을 바꾸고 시야를 넓히면 보이지 않던 숨은 리스크가 보이고, 보통 사람에게 문제투성이인 부동산이 자신에게는 투자 가치가 넘치는 물건으로 보이게 된다.

POINT

투자지역 선택의 핵심 요소

투자지역 선택의 최우선 요소는 일자리와 인구다. 향후 일자리와 인구가 늘어나는 곳이 어디일지를 분석하고 예측하는 능력이 부동산 투자의 성공을 가른다고 해도 과언이 아니다.

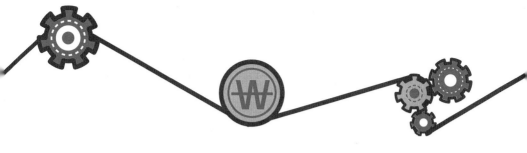

내 집 장만이 최우선이다

　직장 동료와 이야기를 하다보면 가족, 동료, 정치, 경제 등 다양한 주제가 오간다. 그중 단연 1순위 주제는 부동산 투자나 내 집 마련이다.

　특히 집값이 폭등, 폭락할 때는 대화의 '메인타이틀'이 된다. 직장인 대부분은 집을 소유하든, 아니든 모두 집값에 대해서 예민한 반응을 보인다. 주거비용은 직장인의 가계에서 가장 큰 부분을 차지하기 때문이다.

　부담스러운 주거비용에 대해 더이상 신경 쓰지 않고 살기 위해서 서둘러 내 집을 마련하는 게 옳을까? 아니면 전세나 월세로 사는 게 더 현명할까?

대부분 무일푼에서 시작한 일반 직장인은 제대로 된 집 한 채를 장만하기 위해 일을 한다고 해도 과언이 아니다. 집 장만은 큰돈이 들어가는 일이다. 게다가 언제 어느 지역에 사야 할지, 어떻게 하면 싸게 사는지, 만약 지금 산다면 앞으로 가격은 더 오를지 등 고민이 많아 결정이 쉽지 않은 게 현실이다.

나는 첫 투자처인 재개발 사업에서 얻은 수익으로 종잣돈을 키운 후 서울에 소형 아파트를 마련하는 나름의 중장기 계획을 세웠다. 하지만 뜻하지 않게 2008년 글로벌 금융위기가 닥치면서 서울 및 경기권 대부분의 재개발 사업이 무산되거나 무기한 연기되면서 기존 계획을 수정할 수밖에 없었다.

당시 불황은 단기간에 끝날 조짐이 보이지 않았고, 재개발 사업 또한 추진 여부가 불투명한 상황에서 가장 현명한 리스크 대응은 최대한의 원금을 회수하는 것뿐이었다. 원금 회수를 위해 투자한 빌라 물건을 정리하고 보니, 그동안 받은 월세 수입을 감안해도 실제 투자금에 훨씬 못 미치는 액수만 회수되었다. 지나간 세월과 함께 들인 노력이 물거품이 되었다.

그때 속상한 마음에 밤잠을 설치고 회사일도 손에 잡히지 않았다. 하지만 나와 비슷한 실패를 겪은 다른 투자자의 이야기를 책을 통해 접하면서 마음을 다잡았고, 처음부터 다시 시작하는 마음으로 재개발 투자가 아닌 아파트나 토지 등의 투자처를 물색했다. 당시에 나는 아파트 갭 투자나 토지 투자 등에 대해서 이미 이론적 지식을 갖췄지만, 한 번 실패한 경험으로 선뜻 다른 투자에 도전하기가 조금은 두렵고 망설여졌다.

또한 서울에서 전세로 거주하다보니 2년마다 오르는 전세금과 이사 부담 등의 고충이 생기면서 갭 투자나 토지 투자는 우선 보류하고 작더라도 빨리 내 집을 먼저 마련해야겠다는 생각을 가지게 되었다.

당시 내 종잣돈으로 서울의 적당한 아파트에 입주하려면 은행의 대출금 액수가 너무 컸고, 경기도권의 아파트는 서울에 대한 직주 근접 조건이 좋지 않았고 공급량 또한 넘쳐 차선책으로 재개발 여지가 있고 교통이 편리한 서울의 빌라를 선택했다. 서울에서 재개발 사업이 추진 중인 지역이 약 300군데 정도 되었지만, 2008년 글로벌 금융위기 이후에는 사업이 '올스톱'된 곳이 많이 생겼다. 하지만 나는 서울이라는 입지의 특성상 경기가 회복되면 반드시 다시 사업이 추진될 것이라는 확신이 있었다.

서울의 재개발지역은 이미 투자 광풍이 한 번 쓸고 지나간 상태여서 조합설립 인가나 사업시행인가 단계의 매물은 가격대가 많이 오른 상태였다. 당시 투자자금으로는 마음에 드는 매물을 구하기에 턱없이 모자란 상황이었다.

나는 대안으로 '4차 뉴타운' 예정 지역 중 입지가 제일 유망한 곳을 공략하는 방법을 생각했다. 당시 '4차 뉴타운'은 언론에서 떠들썩했지만 실세 사업의 추진은 불확실했기 때문에 집값이 상승하기 전 단계에 머물러 있었다.

일단 사업 추진을 확신할 수 없지만 입지와 가격에서 메리트는 충분하다고 판단했다. 적당한 매물을 찾던 중 중구에 위치한 급매로 나온 물건을 잡았다. 연식은 5년 이상 된 빌라였지만, 매입 당시 건물 상태가 매우 양호했고 거주도 만족스러웠다. 무엇보다 도보 가능 거리에 지하철역 5개가 있는 최적의 교통 환경을 갖춰 전월세 수요도 넘치는 곳이었다.

'4차 뉴타운' 사업은 아쉽게 정부의 개발 정책 선회로 결국 백지화가 되었지만, 양호한 주거 환경과 편리한 교통 때문에 이 지역의 집값은 지금도 꾸준히 오르는 추세다.

나처럼 내 집 마련을 다세대 빌라로 시작하는 사람도 많다. 빌라는 아파트에 비해 환금성과 시세차익 면에서 확실히 경쟁력이 떨어지기 때문에 재개발 투자만을 목적으로 할 경우 사업이 취소되는 최악의 상황도 고려한 후 투자를 결정해야 한다. 리스크를 최소화하려면 투자 물건이 실거주에 문제없는 양호한 상태이고, 전세 세입자가 선호하는 교통이 편리한 지역이어야 한다.

내 집은 가치 상승해 좋고
투자금도 확보해 일석이조

부동산 투자에서 내 집 장만은 투자의 기초이자 시작이다. 나도 집을 마련한 이후에 보다 안정적으로 종잣돈을 모을 수 있었다. 또 이사나 인상되는 전세금 마련 등의 부담이 없어 종잣돈을 온전히 투자자금으로 활용하게 됐다.

현재 전세 세입자가 살고 있는 중구의 빌라는 약 11년이 지난 현재 매수 가격 대비 35% 이상 올랐고, 현 시세의 전세보증금은 매입 당시의 매매가보다 높아 투자자금을 모두 회수하고도 4천500만 원이 남았다. 내 집을 마련하면 단순히 주거의 안정뿐 아니라 자산 가치가 상승해 추가로 투자자금을 확보할 수 있다.

전월세를 사는 사람은 시간이 지나면 부동산의 자산 가치가 상승한다는 사실보다 당장 내가 가진 원금을 잃지 않는 것에 초점을 맞춘다.

그들은 '부동산의 자산 가치가 올랐다'라는 표현보다 '집값_{부동산}이 미쳤다' '부동산 투기꾼들이 또다시 판을 친다' '정부의 부동산 정책이 실패했다' 등의 표현에 더 귀를 기울인다.

전월세를 사는 사람은 장기적으로 부동산 가격이 계속 상승하는 상황을 다른 각도로 봐야한다. 전세보증금은 몸집을 불리지 못한다. 알다시피 인플레이션으로 돈의 실질가치는 더 떨어진다. 그러나 돈이 부동산과 같은 실물 자산에 투자되어 시간이 지나면 인플레이션을 상쇄하고 남을 정도로 스스로 몸집을 불린다.

나 역시 부동산을 모르던 시절에는 전세가 거주와 보증금의 보전 양쪽 모두 가능한 가장 좋은 주거 방식이라고 생각했다. 그러나 매년 치솟는 집값과 계속 낮아지는 은행의 예금 이자율을 보면서 내 생각이 틀렸다는 것을 깨달았다. 이를 계기로 나는 자연스레 경제와 투자에 관심을 가졌고, 이후 본격적으로 부동산 투자에 뛰어들었다.

한 나라 국민의 평균 가구소득에 대비한 평균 주택가격을 알아보는 지표로 '가구소득 대비 주택가격 비율_{PIR : price to income ratio}'이라는 게 있다.

쉽게 말해 내가 1년 동안 번 돈을 전혀 쓰지 않고 모두 고스란히 저축했을 때 내 집 장만에 몇 년 걸리는지 알아보는 지표다.

2019년 기준 전국 PIR은 6.6으로 2014년의 5.5보다 더 커졌다. 이 기간 평균 가구 소득은 11% 늘었지만, 주택가격은 30% 증가했다. 서울 주택의 PIR은 2013년 8.4로 내려갔다가 2019년에는 14로 무려 70%나 올랐다. 2019년에 서울 중간 가격대 집을 마련하려면 소득을 한 푼도 쓰지 않고 14년을 꼬박 모아야 된다는 뜻이다. 이에 비해 경기도의 PIR은 6.8로 같은 기간 11% 올랐다. 5대 광역시는 4.5로 18% 상승해 서울과 경기도에 비하면 증가세가 덜했지만, PIR 수치가 계속 증가하는 현상은 동일했다.

이런 조사 결과를 보면, 시간이 갈수록 내 집 마련이 더 어려워진다는 것을 명확히 알 수 있다. 국민의 실질 소득은 인플레이션과 낮은 임금 인상률 등으로 낮아지는데 비해 실물 자산과 부동산 가격은 계속 상승하기 때문이다.

내 집 마련은 더이상 선택이 아니라 필수다. 주거비는 인간의 삶에 꼭 필요한 의식주 중에서 가장 큰 비중과 비용을 차지한다. 그래서 안정적인 주거가 뒷받침되지 않으면 나와 가족의 미래는 암울해질 수밖에 없다.

내 집 마련은 실질적인 투자의 출발점이며 미래에 부를 이룰 확실한 초석이라는 것을 꼭 기억하자.

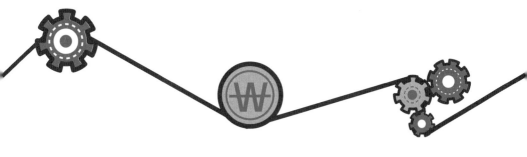

최종 목적지는
알짜 수익형 부동산이다

요즘 부동산 투자 관련 서적이나 유튜브 채널 등을 보면 수익형 물건에 대한 투자가 대세로 자리 잡은 듯하다. 저자나 유튜버가 강조하는 내용은 주로 '월급을 능가하는 월세를 받아서 경제적 자유인이 되자!'라는 주제가 주종을 이룬다.

책과 방송이 주로 권하는 투자 방법은 빌라나 소형 아파트의 갭 투자를 통해 2년마다 오르는 전세금을 가지고 다시 다른 소형 아파트에 갭 투자를 하거나 월세로 전환하는 방식이다. 이런 식으로 반복해서 투자한 주택 수를 늘리고, 최종적으로 내 월급보다 많은 월세를 받는 논리다.

결국 여러 채의 주택에 투자해서 장기적으로 시세차익과 월세 수입의 두 마리 토끼를 모두 잡는다는 것이다.

부동산 투자 관련 책을 읽어 보면 공격적인 갭 투자를 통해 큰 자산을 이룬 사람이 다수 있음을 알 수 있다. 나도 이 방법이 근본적으로 잘못된 투자 방법이라고 생각하지 않는다.

그러나 언제 발생할지 모르는 리스크에 전혀 대비하지 않고, 단지 큰돈을 벌 생각만으로 발생할 수 있는 치명적인 리스크에 대한 대비책 없이 무리한 투자를 감행하는 것은 매우 위험하고 무모한 짓이다.

이런 투자자들 중 일부는 부동산 호경기 직전에 대출을 활용해 상대적으로 저렴한 경기도나 지방 아파트를 수십 채씩 사서 단기 매매로 큰 수익을 얻은 사람들도 분명 있다.

그러나 이런 방식의 투자를 계속 고집하다가 갑자기 부동산 시장이 얼어붙거나 예측하기 힘든 금융 위기와 같은 사태가 닥치면 패가망신의 길로 갈 가능성이 매우 높다. 인터넷과 TV 뉴스를 보면 이러한 형태의 무리한 갭 투자를 하다가 결국 스스로 목숨을 끊은 사람의 이야기를 종종 접할 수 있다.

주택 임대를 통해 시세차익과 안정적인 월세 수입을 올리고자 한다면 대출은 자신이 감당할 수 있는 범위 내에서 활용하고 절세를 위해 임대사업자 제도를 활용하는 등 장기 투자의 개념으로 접근하는 것이 가장 안정적이고 추천할 만한 방법이다.

주택 임대 외에 수익형 부동산의 대표적인 상품은 상가와 오피스텔이다. 상가와 오피스텔은 주택에 비해 상대적으로 상품의 개별성이 강해서 투자 수익률을 예측하기 쉽지 않다.

상가의 경우 상대적으로 수익률이 괜찮고 공실 위험이 적은 1층 상가는 항상 비싸다. 서울에서 신규 분양하는 건물의 1층 코너 상가에 투자하려면 최소 10억 원 이상의 투자자금이 필요하다. 투자한 상가가 공실이 없는 상태로 연 수익률이 5% 정도라면 매우 높은 수익률에 속한다.

하지만 수익률이 계속 유지가 될지 미지수다. 상권 전체가 쇠락하거나 경쟁 상가가 우후죽순 생겨날 수 있기 때문이다. 2층 이상에 위치한 상가는 상대적으로 투자금은 적게 들지만 공실의 위험은 더 커진다. 공실은 곧 수익률의 악화로 이어진다.

물론 상권이 발달한 지역의 상가는 번창하는 곳도 많다. 번창하는 상권은 살아있는 생물처럼 이리저리 움직인다.

신촌 상권의 명성은 지금 홍대 상권으로 옮겨갔고, 압구정 로데오 거리의 상권은 가로수 길과 청담동 상권에 명성을 넘겨 준 예를 보면 잘 알 수 있다.

소위 잘나가는 상권에 거금을 투자한 상가가 어느 순간 공실로 애물단지가 될 수 있다는 말이다. 게다가 바로 옆 건물에 있는 상가의 임대가 잘돼서 바로 옆 자신의 상가 공실이 해결되는 것도 아니다. 동일 건물 안에서도 코너 쪽 자리인지, 골목을 바라보는 자리인지에 따라 수익률의 차이가 난다.

상가라는 투자 상품은 개별성이 매우 강하다.

검증된 상권에 사놓기만 하면 투자에 성공했다고 보장할 수 없다는 뜻이다. 상가 투자를 준비하려면 반드시 전문가의 의견뿐 아니라 다양한 성공과 실패 사례를 철저히 연구한 뒤 확신이 섰을 때

투자를 결정해야 한다.

오피스텔은 도심권 핵심 지역, 전철역세권 지역 이외는 투자 수익을 기대하기 어렵다. 요즘 오피스텔은 대부분 풀 옵션이 많고 깨끗해 살기에 불편함이 없다.

하지만 오피스텔은 거주하는 임차인에게 편리하고 좋은 상품이지만 투자자는 큰 수익을 기대하기 쉽지 않다. 오피스텔 공급은 신도시, 구도심 가릴 것 없이 빈 땅만 있으면 계속 늘어나는 추세다. 공급자는 분양만 완판 되면 환금성과 수익률에서 오피스텔만한 좋은 투자처는 없다.

그러나 기존 분양자는 인근의 늘어나는 신규 오피스텔들로 인해 본인의 오피스텔은 시간이 갈수록 수익률이 떨어지고 공실이 될 확률은 높아진다.

일례로 친구가 잠시 거주한 성동구의 오피스텔은 주위에 새로 들어선 오피스텔들 때문에 해당 층 대부분이 임차인을 구하지 못해 한동안 공실로 남아있었다.

오피스텔의 가격 상승률이 아파트와 비교되지 않게 낮은 이유도 이러한 공급 과잉 현상에 기인한다.

큰 원인은 아파트와 달리 소규모 토지에 건축이 가능하고 분양 공급이 쉽기 때문이다.

오피스텔에 투자하려면 공급 과잉 리스크를 이겨낼 만큼의 수요가 받쳐주는 지역을 선별해서 신중히 투자해야 한다. 이름은 수익형 부동산이지만 연말에 정산을 해보면 실제로는 수익이 남지 않는 경우가 부지기수다.

상가 오피스텔 투자
입지와 상권이 수익 좌우

알짜 수익형 부동산은 무엇일까? 진짜 알짜 수익형 부동산은 확실한 시세차익이 담보되는 부동산을 말한다.

직장인 투자자가 종잣돈과 레버리지를 활용해 주택이나 오피스텔 혹은 상가에 투자해서 임대료를 받는 경우, 임대료에서 대출 이자를 제외하고 자기 월급 정도의 월세 수입을 얻기란 쉽지 않다. 또한 안정적인 월세 수익만을 기준으로 한 수익형 부동산 투자는 수년이 흐른 뒤에 수익률을 계산해 보면 시세 차익형 보다 훨씬 못한 경우가 허다하다.

투자에서 시간은 매우 중요하다. 월급 수준에 못 미치는 월세 수익으로 은퇴 후 경제적 자유를 얻기가 거의 불가능하다.

그래서 직장인 투자자의 수익형 부동산은 월세 수익뿐 아니라 확실한 시세차익이 담보되는 부동산이어야 한다. 일반적으로 월세소득은 큰돈이 되기까지 너무 오랜 시간이 걸린다.

그러나 시세차익을 통한 수익은 자산증가를 실현한다. 추후에 시세차익으로 확보한 자본금과 레버리지를 활용하여 더 우량한 수익형부동산에 투자할 수 있다.

아직 젊고 직장생활을 계속한다면 월세 수익에 몰입되지 말고 확실한 자산 가치의 상승이 담보되는 부동산에 먼저 집중해야 한다. 시간이 흐르면 연봉의 수 배, 수십 배를 벌어 주기 때문이다.

소위 '우량한 수익형 부동산'은 대부분 강남이나 홍대, 이태원 등의 핵심 상권 및 그 인근에 있고, 지방은 도심지 중심 상권과 같은 번화한 입지에 높은 가격을 형성하고 있다. 경매나 급매물 등을 통해 입지가 뛰어나면서 저평가 된 수익형 물건을 발견할 수 있지만, 많은 노력과 발품 그리고 운도 필요하다.

수익형 부동산은 주거용 부동산에 비해 입지와 상권에 의해서 가치 평가가 결정되는 경향이 훨씬 높다. 그래서 우수한 입지와 상권에 있는 고가의 부동산일수록 더 높은 시세차익과 안정적인 임대수입을 보장한다.

투자금에 한계가 있는 투자자는 작은 수익형 부동산보다 장기적인 안목을 가지고 시세차익형 부동산에 투자하여 자금력을 높인 후, 규모를 갖춘 수익형 부동산에 접근하는 게 더 현명하다.

하지만 현재 투자 여력이 충분한 직장인과 재력 있는 사업가, 자영업자라면 오피스텔이나 다주택 중심의 무리한 갭 투자보다 알짜 수익형 부동산 한두 개에 집중 투자하는 것이 더 효율적이다.

유대인 잠언서 탈무드에 '승자의 주머니 속에는 꿈이 있고, 패자의 주머니 속에는 욕심이 있다'라는 말이 있다. 사람은 꿈을 가지되 욕심을 먼저 내려놓으라는 뜻이다.

투자의 가장 위험한 적은 과욕과 조급함 그리고 오만이다. 부디 독자들은 이 격언을 교훈 삼아 한 방을 노리는 단기적 이익보다는 장기적으로 어떤 것이 더 효과적이고 효율적인 투자 방법인가를 먼저 고려하는 현명한 선택을 하기를 바란다.

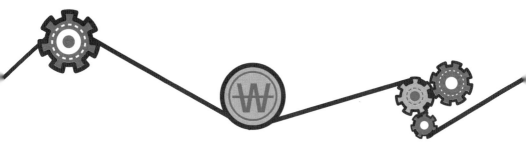

소액 투자로
부의 파이프라인을 만들어라

부동산 시장에서 소액 투자는 얼마 정도 일까?

내 개인 의견은 서울과 수도권지역의 투자는 1~2억 원 이하를 소액 투자자금으로 생각한다. 주위 사람을 보면 보통 이 정도의 금액이 모이면 투자를 시작한다.

대부분은 첫 투자처로 주식을 선택하지만, 평소 부동산에 관심이 있거나 주위에 부동산으로 돈 벌은 이야기를 듣고 부동산 투자에 과감하게 도전한다.

부동산은 소액 투자로 시작해서 자산 규모를 늘리는 시기에는 대박보다 '잃지 않는 투자'에 초점을 맞추어야 한다. 자금이 많지 않은데 그마저 잃으면 어지간한 사람은 대부분 투자를 포기한다.

'잃지 않는 투자'를 위해서 투자 물건의 선택도 중요하지만, 부동산 시장의 흐름과 순환 주기, 투자 시점, 매수 매도 타이밍 등 기본적인 지식과 감을 갖추는 것도 매우 중요하다. 아무리 우량한 투자 물건도 시장의 흐름을 읽지 못해 매수, 매도 시점을 잘못 선택하면 가격 때문에 원하지 않는 장기 투자를 하거나, 성급한 매도로 큰 수익을 놓치는 경우가 많기 때문이다.

부동산 시장에는 일정한 순환 주기가 있다. 순환 주기는 최저점 가격을 지나 회복기와 확장기를 거쳐 최고점 가격에 도달한다. 그리고 다시 후퇴기와 수축기를 거쳐 다시 최저점 가격에 도달하는 구조다.

최저점 가격→회복기→확장기→최고점 가격→후퇴기→ 수축기→최저점 가격

부동산 경기도 일반 경기와 비슷하게 순환 형태를 반복한다. 순환 주기에서 투자자가 가장 알고 싶은 것은 최고점과 최저점 가격이다. 하지만 아무도 정확하게 이것을 예측할 수는 없다. 자신의 투자 경험을 바탕으로 전반적인 시장 변화의 조짐, 부동산 시장에 반응하는 사람의 심리 상태 등을 종합적으로 판단하여 투자자가 스스로 판단해야 한다.

부동산 경기는 주식과 같은 금융상품에 비해 순환 주기가 훨씬 길기 때문에 리스크에 대한 대응 기회와 시간이 상대적으로 충분히 있다.

또한 부동산 가격은 장기적으로 인플레이션의 상쇄 기능으로 우상향하기 때문에 불황기를 버티면 반드시 자산 가치 상승의 효과를 누리게 된다.

그리고 자신의 투자 경험이 쌓이면 현재 시장의 흐름이 어느 순환 주기에 와 있는지 어느 정도 예감할 수 있으며, 시장의 순환 주기에 대한 판단만으로도 매도, 매수 시점의 감을 잡을 수 있다.

나의 첫 투자 때를 부동산 시장의 순환 주기에 대입해 보면, 확장기 즈음에 매수해서 후퇴기와 수축기 즈음에 매도를 했다고 판단된다. 한마디로 최고점에 이르기 직전에 사서 최저점에 도달하기 조금 전에 팔았다.

당시 나는 부동산 시장의 순환 개념은 물론 비싸거나 싼 물건을 잘 판단하지 못한 부동산 '생초보'였다. 지금 생각해 보면 첫 투자가 실패한 것은 어찌 보면 당연한 이치였다는 생각이다.

다양한 경제 지표를 통해 부동산 시장이 과열되었다고 판단되면, 소액 투자자는 조바심을 버리고 종잣돈을 모으는 데, 집중하는 것이 현명하다. 자칫 무리한 투자를 하면 종잣돈 규모가 줄거나 돈이 묶일 수 있다.

소액 투자자는 부동산 활황기보다 다소 침체되었을 때를 투자 기회로 삼아야 한다. 시장은 불황기 후에 반드시 활황기가 온다. 단지 시간이 문제다. 침체기 때 좋은 입지의 물건을 경매나 급매 등을 통해 싸게 매수하면, 안정적인 수익 창출과 향후 큰 규모의 투자를 위한 모멘텀을 확보할 수 있다.

사실 소액 투자는 부동산 물건의 선택 범위가 매우 한정적이다.

가능한 투자 물건으로는 다세대 빌라나 오피스텔, 소형 아파트 등이 있고 공동투자 방식을 활용한다면 토지 투자도 도전해 볼 수 있다. 오피스텔 투자는 앞에서 언급한 바와 같이 오피스텔 자체의 태생적 한계로 경험이 부족한 투자자가 높은 수익률을 올리기란 현실적으로 쉽지 않다.

이에 반해 좀더 접근하기 쉬운 것이 다세대 주택인 빌라나 소형 아파트다. 빌라는 일반적으로 매매가격 대비 전세가격이 높아 적은 투자금만으로도 전세금 레버리지를 활용해 투자가 가능하다. 지역에 따라 편차가 있지만 서울에서도 5천만 원 이하의 실투자금으로 투자가 가능한 곳도 있다.

빌라의 최대 단점은 아파트에 비해 환금성이 떨어진다는 점이다. 환금성을 높이기 위해서는 해당 지역의 전월세 수요와 교통의 편의성, 건물의 상태, 주차 가능 여부, 보안 등을 꼼꼼히 체크해야 한다.

1인 가구 늘고 고령화 추세로
소형 아파트 가치 더 오를 듯

다세대 빌라 투자의 가장 확실한 수익모델은 재개발 사업이 확정된 곳의 매물을 사는 것이다. 그러나 사업이 확정되었거나 추진 단계에 있는 구역은 사실상 소액으로 접근하기에는 어렵다.

가장 효과적인 대안은 재개발 가능한 여지가 있는 지역의 물건에 투자하는 것이다.

해당 지역 인근에 일자리가 풍부하고 교통이 편리하면 전월세 수요도 안정적이기 때문에 임대료도 꾸준히 상승한다. 또한 시간이 지나면 상승한 임대료로 실투자금을 회수할 수 있다.

추후 재개발 추진 소문이 돌거나, 실제로 구역이 확정되면 빌라의 가격은 급등한다. 이때 빌라를 처분해서 투자자금을 확보할지 아니면 사업이 완료될 때까지 기다려 조합원 분양을 받을지 결정하면 된다.

다세대 빌라도 전략적으로 접근한다면 소액 투자처로서 충분히 매력적인 상품이다.

더 투자자금의 여유가 있으면 소형 아파트 투자도 가능하다. 소형 아파트는 보통 공급면적 60㎡구 18평이하를 말하는데, 기준은 지역적 특성과 소비수준에 따라서 다르다. 출퇴근이 편한 게 최우선인 수요층이 몰린 곳은 60㎡ 이하도 중형급으로 볼 수 있고, 반대로 가족 단위의 소비수준이 높은 지역은 60㎡보다 큰 79㎡구 24평도 소형으로 볼 수 있다.

통상 공급면적 60㎡ 이하인 소형 아파트는 주로 직장인 1인 가구나, 아이가 없는 신혼부부, 은퇴한 노부부 등이 주요 수요자다. 그래서 일자리가 풍부한 산업단지 인근이나 도심지 한가운데 위치한 물건이 상대적으로 투자가치가 높다.

앞으로 1인 가구 수가 점점 더 늘고 고령화도 본격적으로 진행되면, 입지가 좋은 소형 아파트의 가치는 더 올라갈 것으로 예상한다. 게다가 대단지로 오래된 소형 아파트는 재건축 호재도 기대할 수 있다.

마지막으로 소액으로 가능한 토지 투자 방법이 있다.

토지 투자 전에 먼저 기획부동산 이야기를 해야겠다. 혹시 부동산 컨설팅 회사에서 3~5천만 원 이하 소액으로 토지 투자를 해보지 않겠냐는 권유를 받으면 일단 응하지 않는 게 좋다. '소액 투자'가 아니라 '소액마저 날리는 투자'가 될 수 있으니 주의해야 한다. 더 상세한 내용은 뒤에 기획부동산과 관련한 주제에서 언급하겠다.

토지는 주택에 비해 레버리지 활용이 쉽지 않다. 대출 이율이 주택 담보보다 상대적으로 높고, 임대 수입이 확보되지 않을 때는 담보 대출 가능 금액도 크지 않다.

농지의 경우, 일반적으로 임차료가 미미한 수준이고 그나마 쌀이나 재배 작물로 받는 경우도 많다.

또 토지는 주택에 비해 환금성이 현저히 떨어진다. 개발 예상 지역에 투자를 해도 개발 계획이 지연되거나 발표, 착공 등 가시적인 호재가 없으면 단기 수요가 한정적이어서 급하게 팔려다가 헐값에 처분할 수 있다. 따라서 토지에 투자하려면 레버리지 활용과 환금성에 대한 리스크를 염두에 두고 계획을 세워야 한다.

단점이 있지만 토지 투자의 가장 큰 매력은 대규모 개발지역 인근이나 신도시 또는 신설 역사 예정 지역과 인근 등 앞으로 확실한 호재가 있는 지역에 중장기적으로 투자하면 큰 수익을 기대할 수 있다. 소액으로 투자하려면 지인이나 가족과 자금을 모아 함께 투자하거나, 검증된 투자 동호회 등을 통해 공동투자 하는 방법을 추천한다.

공동투자에 관한 내용은 다음 장에서 자세히 다루겠다.

소액으로 시작한 투자 경험은 앞으로 투자의 자양분 역할을 할 것이다. 작은 경험이 쌓여 내공이 쌓였을 때 큰 투자할 때 두려움 없이 도전할 수 있다. 소액 투자자는 우선 잃지 않는 투자에 초점을 맞추어야 한다. 그리고 큰 기회를 잡기 위해 꾸준히 노력하면 '잭팟'을 터트리는 날은 언젠가 온다.

레버리지 효과

타인의 자본을 지렛대로 삼아 자기자본의 이익률을 극대화하는 것으로 부동산 투자에서 가장 크게 그 빛을 발한다. 감당할 수 있는 수준의 적절한 대출은 투자 대비 수익률을 극대화시키기 때문에 부를 이루는 시간을 단축시켜 준다. 부동산 투자에 성공하기 위해서는 대출 즉 빚에 대한 관점의 전환이 필요하다.

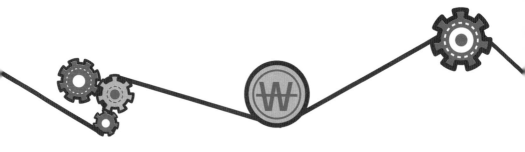

공동투자는 '일거양득'이다

"투자는 하고 싶은데, 돈이 없어요."

부동산 투자에 대해 후배 동료의 얘기를 들어보면, 부동산 투자
는 큰돈이 들어가기 때문에 본인 수중의 돈으로 시도할 엄두가 나
지 않는다는 말을 많이 한다. 나 역시 종잣돈이 많지 않던 시절에 똑
같은 고민을 했고 최대한 내 여건에 맞는 투자 방법을 찾고자 노력
했다.

이후 나는 공동투자 동호회를 알게 되면서 적은 투자자금으로
우량한 물건에 투자할 기회를 잡았다. 돌이켜보면 첫 투자 단계부
터 공동투자 방법을 활용했으면 시행착오를 줄이고 종잣돈을 좀더

빠르게 불렸을 것이다.

공동투자는 거창한 개념이 아니다. 검증된 우량한 물건에 여러 명이 투자자금을 나누어 함께 투자하는 것이다. 사실 거창하고 새로운 방법은 아니지만 소액 투자를 시작하는 사람에게는 가뭄에 단비와 같다.

세간에 공동투자를 좋지 않게 보는 시선과 의견도 있다. 투자자가 많으면 그만큼 의견이 다양하게 나뉘고, 서로 이익이 부딪히는 문제가 생기면 소송으로 번지는 경우도 발생하기 때문이다. 하지만 모든 일에는 동전의 앞뒤 면같이 긍정과 부정이 공존한다. 투자자 간의 의견과 관계를 잘 조율하여 협력하는 분위기가 이뤄지면 모두 '윈-윈'하는 결과를 도출할 수 있다.

나는 토지 투자를 처음 시작하면서 공동투자 방법을 적극 활용했다. 인터넷을 통해 부동산 경매 회사가 주도하는 공동투자 동호회를 우연히 알았는데, 이곳은 동호회가 추천한 경매 물건을 회원들이 십시일반으로 투자하여 경매 입찰에 참여하는 방식으로 운영했다.

공동투자 동호회의 개인별 투자자금은 여러 사람에게 기회를 주기 위해 상한선을 두었다. 투자 대상은 작게 5억에서 최대 20~30억 원이 넘는 큰 규모의 토지 물건을 위주로 공략했기 때문에, 아파트나 기타 주택 경매 등에 비해 입찰 경쟁이 상대적으로 낮았다. 특히 입지가 뛰어나지만 유치권이나 법정지상권 등이 얽힌 소위 특수물건은 경쟁률이 더 낮아 낙찰 후 관련 사건을 원만히 해결했을 때는 큰 수익을 올릴 수 있었다. 또 수익금은 다시 다른 공동투자 물건에 재투자해 수년간 상당한 수익률을 거둬 종잣돈의 규모를 빠르게 키웠다.

감정가나 시가가 10~20억 원 단위를 넘는 토지 물건은 수요자가 매우 한정적이다. 즉 수요자는 대부분 토지에 공장을 짓거나 주택을 건설하려는 사업자이기 때문에 입찰 경쟁이 상대적으로 치열하지 않다. 개인이 혼자서 투자하려면 대출을 받아도 최소 수억 또는 10억 원 이상의 자기자본이 필요하다. 소액 투자자는 아무리 레버리지를 활용해도 접근 자체가 거의 불가능하다.

법적인 하자로 경매에 나온 우량한 토지 물건을 몇 차례 유찰된 가격에서 낙찰이 되면 그때 이미 상당한 수익이 보장된 것이나 다름없다. 단 이런 경매 물건은 특수한 사건이 얽혀 소송이나 당사자와 직접 협상을 통해 빠른 시일 내 해결해야 하는 숙제가 있다. 하지만 특수 물건은 사전 분석단계에서 부동산 경매 전문가와 전문 변호사의 검토로 해결이 가능한 물건만 선별했기에 리스크는 낮다고 볼 수 있다.

물론 리스크가 0%인 투자는 세상에 존재하지 않는다. 그래서 '입찰 전 회의' '의사결정 회의' 등을 통해 경매에 참여한 회원들도 스스로 물건을 검증하고 사건 해결에 참여해 이중, 삼중으로 리스크를 최소화하는 절차를 마련해 두었다.

물건에 얽힌 사건이 잘 해결되면 낙찰 부동산은 하자가 없는 정상적인 물건으로 바뀌어 시장가격으로 매도가 가능하다. 해당 물건의 미래 가치가 높아 가격이 더 오를 재료가 있으면 지분권자들 간의 합의로 매도시기를 조율할 수 있다.

일반적으로 토지 투자는 장기간이 소요되는데 경매와 공동투자 방식을 혼용할 경우 빠르면 1~2년 안에 처분 후 배당 수익을 가져갈 수 있다. 즉 토지로도 충분히 단기 투자가 가능하다.

나는 부동산 투자를 처음 시작하는 단계에 경매를 배웠지만, 개인으로 경매 입찰을 해 본 적은 없다. 경매 사고 등 두려움도 있지만 가장 큰 이유는 휴가를 내고, 오전에 경매법정에 가거나, 명도를 위해 퇴근 후 임차인을 만나는 일 등을 직장생활과 병행하기가 현실적으로 어려웠기 때문이다. 또한 장기적으로 보면 개인이 혼자서 작은 규모의 물건에 투자했을 때 접근 가능한 물건의 선택폭도 작고 투자에 들인 시간과 노력에 비해 실익은 크지 않다고 판단했다.

투자 동호회 등 참여
함께 벌고 위험은 나누고

당시 나에게 경매와 공동투자 두 가지를 혼용한 투자법은 굉장히 좋았다. 해당 분야 전문가가 입찰 대행과 각종 사건을 처리했고, 1천만 원 단위 소액으로 여러 물건에 분산 투자가 가능했기 때문이다. 시스템을 통해 개인이 직접 입찰하는 번거로움이 해결됐고, 경매로 인한 사고 발생 리스크가 분산되었다.

그리고 투자자 회원 중에 공인중개사나 공인회계사, 변호사 등 다양한 전문가가 섞여 있어 이중, 삼중의 안전장치 역할을 했다.

하지만 공동투자 방식에도 여타 투자 방법과 마찬가지로 몇 가지 문제점이 있다.

첫째, 투자 물건의 크기가 상대적으로 커 경제 상황이나 부동산 경기가 좋지 않은 때에는 매도가 상당히 힘들다. 큰 규모의 토지를 매수하려는 사람은 대부분 법인 사업자여서 국내 경기가 위축되면 덩달아 해당 토지의 수요도 줄기 때문이다. 그래서 특수 사건을 해결보다 매수자를 찾는 게 더 힘든 경우도 발생한다.

둘째, 공동투자이므로 원하지 않는 상황에 어쩔 수 없이 매도하는 일이 발생한다. 장기적으로 묻어두면 가격상승이 확실해도 투자 자금의 회수가 급한 일부 회원들로 인해 공동투자약정서의 내용대로 매도하는 상황이 생길 수 있다.

셋째, 다가구 주택과 같은 수익형 물건은 전월세 세입자 관리가 쉽지 않다. 다가구 주택의 특성상 세입자 수가 많다. 그래서 현지 부동산이나 부동산 법인에게 관리를 맡길 수밖에 없어 방만하게 되는 일이 발생할 수 있다. 실례로 임차료 연체나 재임대 등 관리가 부실하거나 관리 비용의 과다 청구로 수익이 회원에게 제대로 배당이 되지 않는 등의 일도 일어난다.

넷째, 예상 수익률보다 현저하게 떨어지는 경우가 발생할 수 있다. 물건에 얽힌 사건의 해결에 기간이 길어지거나 예상치 못한 보상금이나 공사비용 등이 발생해 수익률이 낮아지거나 투자자금 대비 손실이 날 수 있다.

가장 일반적인 공동투자 방식은 개인 몇 명이 지분 참여 방식으로 일반 매매 물건에 투자하는 방법이다.

나는 수년 전, 친구와 함께 향후 신설 예정인 안성 역세권 토지에 공동투자를 한 적이 있다. 지인에게 개발 호재가 있는 토지 급매물을 소개를 받았는데, 당시 나의 투자자금만으로 매수가 불가능한 상황이었다. 게다가 최소 수년간 장기 보유가 필요한 물건이라고 판단했기에 대출을 받아 투자하는 것도 무리여서 친구와 지분 형태로 공동투자를 하였다.

개인끼리 지분 참여 방식의 공동투자 방법을 활용하면 부족한 투자자금의 문제가 해결된다. 단 투자자가 많아질 경우 매도 시점 등에 대해 투자자 간에 이해 충돌이 발생할 가능성이 있다. 따라서 사후의 리스크를 최소화하기 위해 매도 시점 등 사전 합의 내용을 담은 공동투자약정서를 만든 후 공증을 받는 게 좋다.

기존의 공동투자 방식은 가족이나 친척 또는 친한 친구끼리 돈을 모아 투자를 하는 일반적인 형태였다. 하지만 소액 부동산 투자자가 많아지면서 자연스레 다양한 공동투자 방식이 자리를 잡고 있다. 요즘은 투자 동호회나 부동산 경매 회사 대부분이 공동투자 방식을 당연히 받아들이는 분위기다. 공동투자 방식이 대중화되면서 소액 투자자에게는 안전하고 빠르게 투자자금의 규모를 키울 기회가 늘고 있다.

부동산 투자에서 공동투자 방식이 만병통치약은 아니다. 그러나 체계적으로 운영되는 투자 모임 등을 통해 안전한 방식으로 투자한다면 수익 창출과 함께 다양한 투자 방식을 경험하며 배워 '일거양득'이 될 수 있다.

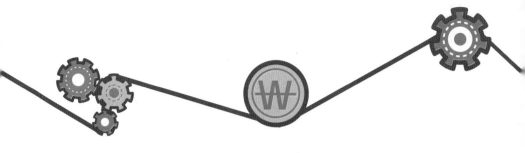

신도시의 아파트, 상가주택을 노려라

"아니 거기 지금 미분양이 넘치는데, 지금 분양을 받아도 괜찮은 거야?"

"거기 나쁘진 않은데, 내 생각엔 서울에서도 좀 외곽이라 생각보다 집값이 많이 오르지 않을 수 있을 텐데 전문가도 많이 추천은 안 하더라고…."

"거기 좋아질 거라고 뉴스에서 보긴 했는데, 아무래도 그쪽치고는 분양가가 너무 비싼 거 아닌가?"

2013년 당시 서울 마곡지구의 미분양 아파트를 매수하려던 나에게 주위 사람이 보인 반응이다. 나는 2012년 무렵부터 저평가된 아파트 위주로 실거주가 가능한 아파트를 물색하고 있었다. 그러던 중 마곡지구라는 신도시급 개발 계획을 알았다.

마곡지구에 관해 나름대로 조사를 해보니 서울시에서 곧 수립될 '2030 서울 도시기본계획'에 7대 광역중심지로 포함되었고, 대기업 위주의 R&D센터가 들어서기로 돼 있어 입주가 완료되는 때는 많은 양질의 일자리가 새로 생길 예정이었다. 서울의 경우 이 정도 규모의 개발 계획은 굉장히 이례적이고, 실제로 현실화되면 미래 가치는 엄청나게 클 거라고 전망했다.

그럼에도 당시 전국의 부동산 경기는 매우 좋지 않아서 여타 지역과 마찬가지로 마곡지구 역시 미분양 물건이 넘치고 있었다.

2013년 당시, 2008년 글로벌 금융위기의 여파가 아직 가시지 않은 상태였다. 일부 지방의 아파트는 예외였지만 전국적으로 아파트 분양실적이 저조했고 상대적으로 분양가가 저렴한 공공분양도 미분양에 허덕였다.

사실상 청약통장 1순위가 유명무실한 상태였다.

2011년 후반부터 본격 입주가 시작된 2기 신도시 공급 물량의 영향으로 2013년 무렵 서울의 아파트 경기는 최저점을 찍고 있었다. 그로 인해 서울은 아파트 투자를 기피하는 분위기였다.

그러나 상대적으로 지방 아파트 시장의 분위기는 나쁘지 않았다. 지방 주요 도시의 경우 아파트 공급물량이 크게 늘지 않은 상태였고, 서울과 수도권의 아파트 가격이 하락하자 투자자금이 지방으로 몰리면서 지방 중소형 아파트의 가격은 오히려 상승하는 분위기였다.

나는 2008년 글로벌 금융위기를 겪으면서 주택 시장은 오랜 침체기를 겪은 후 서서히 가격 반등기를 거쳐 최고점 가격에 도달하여 폭등 단계로 진입하는 것을 직접 체험했다. 그러나 미래가 반드시 과거와 똑같은 패턴으로 가지는 않기 때문에 침체기가 언제까지 이어질지, 반등기가 언제쯤 올지는 아무도 정확히 알 수 없다. 그러나 부동산 시장에서 상승과 하락의 주기적인 패턴이 존재한다는 것은 변함없는 사실이다.

나는 부동산 시장의 변화 주기와 실거주를 함께 고려하여, 주택 시장이 침체했던 시기에 사람들이 기피했던 미분양 물건을 과감하게 매입했다. 그리고 지금, 당시 나의 판단이 크게 틀리지 않은 것을 다시 확인하고 있다.

서울시는 10년마다 도시기본계획을 개정하는데, '2020 도시기본계획'에서 발표한 '1도심 5부도심' 체계를 '2030 도시기본계획'에서는 '3도심 7광역 중심 12지역 중심'으로 도심 분류 체계를 변경 개편하였다. 2020 계획에 없던 마곡지구가 2030 계획에서는 광역중심지의 하나로 새롭게 포함되었다. 현재 서울시는 2040 계획을 수립 중에 있다.

'도시기본계획'은 무엇이고 '광역중심지'는 또 무슨 의미일까? 각 지자체는 도시를 개발하기 전에 도시기본계획이라는 중장기적 계획을 먼저 수립한다.

이것은 도시 전체의 중장기 발전 방향을 제시하는 계획으로 도시의 인구, 산업, 사회, 재정 등을 총 망라한다. 즉 각 도시가 수립한 도시기본계획만 잘 분석하면 각 도시의 어느 지역에 투자를 해야 되는지 쉽게 파악할 수 있다.

서울시가 정의한 광역중심지란 개념은 해당 지역의 중심급 도심으로서 업무, 상업, 문화, R&D, 첨단산업 분야 등에서 특화된 고용기반을 창출하는 지역을 말한다.

마곡지구는 향후 R&D에 특화된 일자리가 많이 생길 도심으로 지정되었다.

마곡지구는 전체 토지 규모가 3.6km² 구 110만 평로 판교의 면적보다 6배 큰 규모고 업무시설이 전체 부지의 30%가량을 차지한다. 광교나 판교의 업무시설이 전체 부지의 8~10% 정도이니 마곡지구의 규모를 대략 짐작할 수 있다. 서울 서부권역에 지금까지 강남이나 종로와 같은 업무 밀집지구가 없다. 마곡지구가 완성되면 서부권역 최초로 업무 밀집지구가 탄생한다. 신도시급 업무 지구가 들어서면 지역은 상전벽해로 변한다.

도시기본계획 꼭 알아야
투자 노른자지역 꿰뚫어

신도시 지역의 투자는 굉장히 매력적이다. 신도시는 설계 단계부터 인구, 교통, 일자리 등에 관한 철저한 조사와 연구를 통해 조성된다. 적절한 시점에 투자하면 확실한 수익이 담보되는 투자처가 될 수 있다.

구도심 개발은 계획을 수립해도 거주민에 대한 보상 문제 등이 얽히면 개발이 한없이 지연되거나 지지부진한 게 다반사다.

하지만 신도시 개발은 토지 소유자에게 토지보상만 끝나면 개발

지연에 따른 리스크가 거의 사라져 상대적으로 안전한 투자처라고 할 수 있다.

신도시의 특성상 인프라가 다 갖추어지려면 긴 시간이 걸리기 때문에 입주 초기의 실거주자는 생활의 불편함을 어느 정도 감수해야 한다. 하지만 시간이 지나 생활 인프라가 서서히 갖추어지면 아파트 가격도 덩달아 상승한다.

신도시 투자는 초기에 진입하는 것이 가장 중요하다. 도시가 완성된 시점에 실거주는 매력적이지만 투자가치로 볼 때 이미 프리미엄이 많이 붙어 타이밍이 조금 늦었다고 봐야 한다. 이때는 추가 상승 여력이 있는 초역세권 아파트나 개발 초기 단계에 있는 다른 신도시급 지역을 고려해 보는 게 현명하다.

도시 개발은 도시가 확장되면서 새로 생겨난 도심의 부동산 가격이 상승할 뿐 아니라 시차를 두고 인근의 부동산 가격도 함께 오른다. 새로운 개발지역의 인프라를 인근지역도 함께 이용하는 이점이 생기기 때문이다.

따라서 청약점수나 투자자금 부족으로 신도시 진입이 여의치 않다면 인근의 저평가된 아파트를 매수하는 것도 지혜로운 투자 방법이다.

신도시 투자에 아파트만 있는 것은 아니다. 신도시 건설을 위해 '택지개발지구'로 지정되면 지역에 살던 원주민이나 토지 소유자에게 법적 보상 절차가 진행된다. 이와 관련하여 '이주자 택지'와 '협의자 택지'가 있다.

이주자 택지란 택지개발지구 내에 거주하던 원주민에게 이주를 전제로 택지분양 시 조성원가의 80% 수준으로 분양 받을 권리를 준 토지로서, 단독주택이나 상가주택을 지을 수 있는 택지를 말한다. 택지의 크기는 통상 80평 정도이고 분양가 이하로 언제든지 명의변경이 가능하지만, 분양가를 초과하는 금액은 단 1회에 한하여 한국토지주택공사의 승인을 받아 명의변경이 가능하다.

협의자 택지는 해당 개발지 안에 일정 면적 이상의 토지를 소유한 지주가 한국토지주택공사 등에 소유 토지를 양도한 경우에 한하여 분양권을 준 토지로써 상가주택이 아닌 일반 단독주택의 건축만 가능한 토지를 말한다. 협의자 택지는 이주자 택지에 비해 분양가가 높은 것이 특징이다.

이중 투자가치가 더 높은 것은 이주자 택지다.

이주자 택지는 현지 공인중개사를 통해 원주민이 소유한 것을 프리미엄을 지급하고 매수할 수 있다. 매수 후에는 직접 상가주택을 짓거나 건축업자와 계약을 통해 건축물을 완성한 후 전세 보증금 등으로 건축비를 충당하는 방식으로 소유권을 취득할 수 있다.

신도시 상권의 활성화
상당한 시간이 필요

상가주택 용지는 토지가격의 80%까지 대출이 가능하고 장기간에 걸쳐 중도금 분납이 가능하기 때문에 적은 초기 투자자금으로 상가주택 건물주가 되는 기회를 잡을 수 있다.

또 신도시가 완성되면 지가 상승에 따른 시세차익과 고정적인 월세 수입을 동시에 얻는 일거양득의 투자가 될 수 있다. 단 수도권지역 신도시가 아닌 지방은 반드시 인근의 일자리 현황 및 신도시 조성에 따른 유동 인구 수, 공실의 위험성 등을 종합적으로 검토한 후 투자를 결정해야 한다.

신도시의 경우 분양 상가와 오피스텔 투자는 꼼꼼한 주의가 필요하다.

신도시 상가의 분양가는 대체로 비싸다. 공급자가 향후 형성될 인프라의 프리미엄을 미리 반영하여 분양가를 높게 책정하기 때문이다. 신도시의 상권이 어느 정도 활성화되기 위해서는 상당한 시간이 필요하다. 신규 분양 아파트의 입주 초기 때는 유동인구의 부족으로 분양 상가의 공실률이 높아 목표 수익률 달성은 사실상 매우 어렵다고 봐야 한다.

오피스텔 역시 공급량이 한꺼번에 쏟아지므로 적정 인구가 유입이 되지 않으면 전체적인 공실률이 높아져 수익률은 떨어지고 분양가 이하로 가격이 하락할 가능성도 있다.

신도시 투자는 부동산 역사에서 이미 검증된 투자 방법 중 하나다. 새롭게 개발된다는 것은 새로운 기회와 가능성이 함께 존재한다는 의미다.

기회와 가능성을 제공하는 신도시 개발에 관심을 가지고 자신에게 맞는 투자계획을 적극적으로 세워보자.

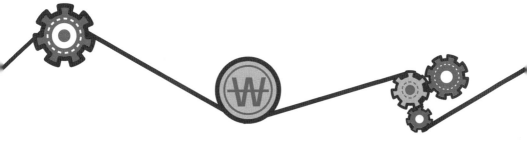

부동산 전문가를
내 편으로 만들어라

30대에 영국에서 가장 이르게 백만장자가 된 부동산 사업가 롭 무어는 저서《레버리지》에서 성공의 핵심 중 하나는 다른 사람의 기술을 활용하는 것이라고 했다.

그는 사람이 운전이나 수영 등을 배울 때 숙련된 강사나 코치가 필요하듯이 비즈니스에서도 코치, 트레이너, 멘토의 힘을 활용하라고 말한다.

무어는 또 부자와 성공한 사람은 지속적으로 코치와 멘토, 인적 네트워크 등에 많은 투자를 했다고 이야기한다. 대표적인 예로 빌 게이츠, 워런 버핏 등과 같은 세계적 인물도 출중한 사람에게 코칭을 받고 파트너 십을 맺는 데 엄청난 노력을 기울였다는 점을 강조한다.

부동산 투자도 사람 관계는 아주 중요한 문제다. 부동산 투자는 현장에서 뛰는 전문가의 도움 없이 사실상 투자가 불가능하다. 아무리 이론을 학습하고 실전을 겸비해도 매일 현장에서 직접 물건을 보고 다루는 사람의 정보력을 능가하기란 쉽지 않다. 현장을 제대로 알기 위해서는 이론을 겸비한 후에 전문가나 멘토의 도움이 반드시 필요하다.

특히 초보 부동산 투자자에게는 첫 투자의 경험이 앞으로 투자 방향성을 좌우할 수 있는 만큼 매우 중요한 요소다. 그러나 누가 양심적이고 능력을 갖춘 전문가인지 판별하기는 쉽지 않다.

주위에서 부동산 투자 사례를 들으면 비양심적인 중개인의 잘못된 투자 조언으로 투자가치가 떨어진 집을 매수하거나 매도가 어려운 토지를 매수한 사람의 이야기를 듣곤 한다. 이들은 대부분 투자 경험이 거의 없는 사람이다.

중간자 입장에 서야 할 중개인이 자신에게 더 많은 이익을 제공하는 매도자 입장에 서서 투자가치가 없는 물건을 고객에게 매수를 종용하거나, 반대로 매수자 편에 서서 매도자에게 불확실한 정보가 마치 사실인 것처럼 이야기하며 매도를 유도하는 경우 등이 이에 해당한다.

중개인도 사람이다 보니 자신에게 유리한 쪽으로 치우칠 수 있다. 문제는 투자가치가 없는 물건을 가치가 있는 것으로 포장해서 중개를 하거나, 매도자가 헐값에 처분하도록 유도하는 등 속임수를 쓰는 데 있다.

거래 피해를 입지 않기 위해서는 매입을 최종 결정하기 전에 중개인이 제공한 정보의 사실 여부를 반드시 스스로 확인해야 한다. 또한 확인이 어렵거나 겉으로 드러나지 않는 리스크 등은 주위 다른 전문가에게 검토를 의뢰해야 한다.

그러나 현장에는 비양심적인 중개인도 있지만 양심적인 중개인도 많다. 물건의 미래가치를 꼼꼼히 짚어주고 고객의 입장에서 냉정하게 물건의 장단점을 솔직하게 이야기해 주는 중개인도 많다.

나 역시 투자 초보자인 시절에 중개인의 말이 다 옳다고 생각한 때가 있었다. 하지만 점차 투자 경험이 쌓이면서 진짜 실력과 인격을 갖춘 전문가를 어느 정도 구별하게 되었다. 투자에서 이론의 학습도 중요하지만 현장에서 발로 뛰는 전문가에게 실제 시장의 상황과 정보를 얻는 것이 더 중요하다. 그러기 위해 자신이 신뢰하는 전문가나 멘토를 만나야 한다.

재개발 투자를 처음 시작했을 무렵, 나는 지인에게 재개발 분야 전문가 L씨를 소개받았다. 첫인상은 다소 냉소적이지만 재개발과 아파트 투자 쪽에 해박한 지식과 많은 경험을 가진 느낌이 풍기는 사람이었다.

당시 완전 초짜 투자자였던 나는 L씨 덕분에 전체 부동산 시장을 보는 눈을 키웠고, 책에서 읽은 이론이 실제 현장에서 어떻게 적용되고 대응할지 등에 관한 많은 지혜를 배웠다. 그 후 만남이 이어지지 못했지만 나는 첫 투자 때 좋은 멘토를 만난 행운에 대해 지금도 감사하고 있다.

일반 사람은 부동산업에 종사하는 사람을 종종 색안경을 끼고 본다. 아마도 부동산 투자에 대한 지식이나 경험이 부족한 사람에게 부동산과 관련된 일은 투기와의 연관 등 부정적인 선입견이 있고 또 비양심적인 중개인의 사례를 직접 겪거나 비슷한 이야기를 전해 들었기 때문이다.

사실 순수하게 부동산 투자를 하는데, 공인중개사와 같은 특정한 라이선스나 학력은 필요 없다. 오직 용기와 실력을 갖춘 사람이면 아무나 투자 시장에 도전할 수 있다. 부동산 시장에는 다양한 사람들이 존재하고, 이 중에는 정직하고 양심적인 사람도 있지만, 오직 돈과 자신의 이익만을 좇는 사람도 많다.

좋은 멘토와 인간관계
투자의 영원한 보약

실력을 갖춘 전문가를 어떻게 알아보고 실질적인 도움을 받을까? 신뢰받는 전문가는 자질과 능력도 중요하지만 인품을 함께 갖춘 사람이라고 생각한다.

나는 신뢰할 만한 전문가인지 판단할 때, 그 사람이 자신의 주위 사람을 어떻게 대하는지 먼저 관찰한다. 가령, 그 사람이 중개사라면 자신의 직원이나 서로 상생관계에 있는 이웃 중개사를 어떻게 대하고 관계를 유지하는지 살펴본다.

나는 사람의 능력은 성품에서 나온다고 믿는다. 고결한 인격과 성품은 결국 실력을 이기기도 한다.

어떤 사람이 현재 아무리 성공을 해도 자신의 아랫사람을 권위로 대하거나 동료들과 관계를 오직 이익으로만 판단하는 사람은 성공을 지키지 못한다.

자신을 돌아보지 않고 겸손을 모르는 사람은 인생의 고비를 넘기지 못하고 쓰러지는 경우를 나는 여러 번 보았다.

인품을 갖추지 못한 전문가나 멘토는 아무리 실력이 뛰어나도 함께 장기적인 파트너 십을 유지하기 어렵다. 반면에 실력과 품격을 갖춘 전문가는 배우려는 사람이 몰려든다.

전문가에게 의견을 듣기에 앞서 먼저 자신의 실력을 키우는 것도 중요하다. 전문가와 멘토의 역할은 조력자이지 모든 의사결정을 대신할 수 없다.

'아는 만큼 보인다'는 말처럼 자신의 지식수준에 맞는 전문가나 멘토를 만날 가능성이 높기 때문이다.

지금은 전문가가 된 사람도 초짜 투자자에 불과했던 시절이 있다. 일반 사람과 다른 점은 자신의 실패에서 교훈과 깨달음을 얻고 그것을 지혜와 성공으로 바꾼 점이다.

대부분의 투자자는 투자 과정에서 다양한 장애물을 만난다. 이럴 때 조력자의 도움은 장애물을 슬기롭게 헤쳐 나갈 수 있는 무기가 된다. 능력과 품격을 갖춘 조력자를 만난다면 투자의 내공은 더욱 성장하고 삶은 더 풍성해 질 것이다.

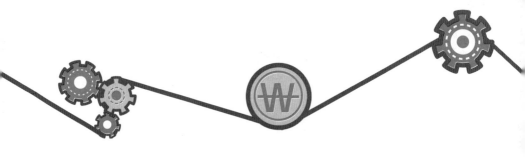

팔지 않는 것도
수익을 내는 전략이다

미국 최대 부동산 회사 중 하나인 콜드웰 뱅커Coldwell Banker의 회장은 주위 사람에게 늘 강조하는 말은 '투자한 부동산은 절대 팔지 마라!!'는 것이다. 이유는 무엇일까? 물건은 샀다가 팔 수 있는 것인데 팔지 말라니.

그는 20대 젊은 시절 부동산 중개 업무가 자기 성향과 잘 맞는다고 판단한 후 원래 직업인 수학교사를 그만두고 부동산 업계에 뛰어들었다. 그 후 30년을 부동산업에 종사하면서 부동산 재벌이 되었다. 부동산 업계의 최강자가 하는 말이니 곰곰이 생각해 볼 필요가 있지 않을까?

주식 투자는 오늘 급등한 주가가 내일 어떻게 될지 아무도 모른다. 주식은 가격이 오른 시점에 처분해야만 이익금이 실현된다.

그러나 부동산 같은 실물자산은 현금성 자산인 주식과 조금 다른 시각으로 접근해야 한다. 부동산 가격은 일시적인 하락을 겪기도 하지만 시중에 돈의 양이 늘어나는 한 장기적으로는 계속 상승한다. 부동산은 인플레이션의 상쇄 역할을 하기 때문이다. 경제학에서 보면, 실물자산의 가격이 올랐다기보다 돈의 가치가 떨어졌다는 게 더 정확한 표현일 것이다.

국민 과자로 불리는 새우깡의 가격은 1995년 당시 160원이었다. 2020년 현재 새우깡의 가격은 1,300원이다. 25년 만에 가격이 8배나 오른 것이다.

언론에 많이 오르내리는 '은마아파트'는 강남 재건축 아파트의 대표 격이라 할 수 있다. 은마아파트 30평형대의 28년 전 시세는 2억 남짓이었다. 그런데 2020년에는 20억 원 이상으로 약 10배가량 올랐다.

새우깡과 강남 아파트의 가격상승 추세가 서로 비슷해 보인다. 두 대표 상품의 가격상승 추이를 보면 실물자산의 인플레이션 상쇄 효과를 직접 확인할 수 있다.

부동산을 되도록 팔지 말고 장기 보유해야 하는 큰 이유는 인플레이션을 가장 효과적으로 방어하는 수단이 바로 부동산 자산이기 때문이다. 하지만 주변에는 자의적 판단 혹은 주위의 권고로 성급히 부동산을 처분한 후 나중에 후회하는 사람을 종종 본다.

P씨는 10년 전에 강남의 아파트를 판 돈으로 양평의 전원주택에서 현재 행복한 교외생활을 누리고 있다. 그런데 얼마 전부터 자신

이 판 아파트의 이름이 뉴스에 오르내리는 것을 보고 시세를 알아보니, 자신이 판 가격보다 12억 원 이상 오른 것을 알았다. P씨는 이 사실을 알고 난 후 한동안 밤잠을 설쳤다고 한다.

K씨는 당진의 나대지를 25년간 소유하고 있었는데, 오랫동안 오르지 않던 당진의 부동산 가격이 갑자기 두 배 이상 올랐다는 소식을 듣고 급히 서울 사람에게 땅을 팔았다. 땅을 팔고 난 1년 뒤 K씨가 그 땅의 시세를 알아보니 판 가격보다 5배 이상 올랐다는 이야기를 듣고 아연실색했다고 한다.

위 두 사례는 지인을 통해 들은 실제 이야기다. 인터넷에는 이와 유사한 사례들을 쉽게 찾아볼 수 있는데, 부동산 시장에는 과거에도 현재에도 비일비재한 일이다.

이름만 들으면 아는 대기업들도 대부분 부동산 투자에 적극적이다. 투자를 그냥 좀 하는 수준이 아니라 달인의 경지에 가깝다. 사업을 통해 번 돈으로 사옥을 구입하거나, 추후 발생할 시세차익을 염두에 두고 사옥이나 공장을 지을만한 토지를 미리 싼 가격에 매입한다.

어느 대기업이 땅을 샀다는 소문이 돌거나 뉴스에 보도되면 인근 토지의 가격까지 덩달아 오른다. 대기업 입장에서는 꿩도 먹고 알도 먹는 셈이다. 대기업이 전국 어디든 땅을 사기만 하면 그 땅과 인근 땅의 가격이 저절로 오르는 신비한 마법이 일어난다.

기업은 물건이나 서비스 상품을 팔아서 나온 사업소득으로 돈을 벌지만, 부동산의 임대나 처분으로 얻는 자본수익이 오히려 더 큰 경우도 많다.

대기업으로 성장하는 게 목표인 중견기업 중에는 사업으로 벌은 이윤으로 부동산 투자에 전력을 다하는 기업도 있다. 주객이 전도된 듯 때로는 부동산 투자를 하기 위해 기업을 세운 것처럼 보인다.

장기적인 보유
담보가치 상승

기업은 매입한 부동산을 웬만해서 팔지 않는다. 오히려 토지나 건물 가격이 오르면 싼 이자로 담보대출을 받아 사업 자금으로 충당하거나, 다시 돈이 될 만한 부동산을 사들인다. 우량 부동산 자산이 많은 기업은 위기에 빠져도 보유한 부동산 자산을 처분한 뒤 다시 재기해 성공할 수 있다. 그래서 부동산 자산은 기업에게 생명보험과 같다. 기업이 왜 부동산을 산 후 팔지 않고 계속 보유하는 이유를 조금은 알겠는가?

팔지 않는 전략으로 수익을 내는데 가장 부합하는 투자 상품이 바로 토지이다. 토지는 확실한 개발 재료가 있어도 불경기가 닥치면 매수세가 뜸해지고, 가격이 정체되거나 하락한 상태로 오랜 기간 지속되는 경우가 많다.

토지 투자 경험이 많지 않거나 급전이 필요한 사람은 이러한 상황을 버텨내지 못한다. 조급한 마음에 매일 주식 시세를 확인하듯 중개인에게 수시로 시세를 물어본다.

익히 들었겠지만 부동산 투자에 '묵혀둔다'라는 개념이 있다. 이 것은 다른 여타 부동산보다도 토지에 가장 크게 적용되는 개념이다. 토지시장은 쥐죽은 듯 오랜 시간 조용하다가 개발에 대한 소문이나 뉴스가 나오기 시작하면 갑자기 가격이 급등한다. 이때 지주는 일순간 매물을 다 거두고 중개소에는 급급매 물건만 거래된다. 일반 사람도 토지 시장에 패턴이 있다는 걸 잘 안다.

그러나 막상 자신이 투자자 입장이 되면, 가격이 무르익을 때까지 기다리려면 많은 인내심이 필요함을 알게 된다. 물론 원형지 토지를 단기간에 직접 개발해 분양하거나 단기 시세차익을 위해 개발 중인 토지를 거래하는 투자 방식도 존재한다. 그러나 이것은 투자보다는 개발 사업에 가깝고 보편적인 토지 투자 방식은 대부분 상당한 투자 기간을 요한다.

토지는 묵혀두는 전략이 가장 크게 작용하는 부동산이다. 본인이 소유한 토지가 확실한 개발 재료가 있거나, 인근에 미래의 개발 계획이 있으면 시간은 내 편이라는 생각으로 느긋하게 때를 기다리는 지혜를 발휘해야 한다.

세계적인 부동산 전문가이자 베스트셀러 작가인 돌프드 루스는 저서 《부동산 부자들》에서 부동산을 파는 것에 대해 다음과 같이 이야기한다.

"내가 정말로 쓰고 싶은 말은 '절대 팔지 말 것'이다. 일반적으로 수익이라는 유혹에 돈을 벌려고 부동산을 파는 사람은 팔지 않고 계속 보유하는 사람만큼 성공할 수 없다. 과거에 부동산을 소유했던 사람과 이야기를 할 때, 그 부동산을 지금까지 가지고 있으면 얼마의 가치가 나갈지 물어보면, 그는 매우 민망해 할 것이다."

돌프드 루스는 부동산 투자의 목적과 방향에 대해 정확하게 이야기했다. 바로 '매매차익'이 아닌 '담보가치의 상승'으로 인한 장기적인 수익 창출이다.

자신이 소유한 부동산 가격이 생각만큼 오르지 않아서 고민이라면, 비교가 가능한 부동산의 10년 전 또는 20년 전 시세를 파악해 보자. 과연 자신이 지금 조바심을 내는 것이 올바른 행동인지에 정확한 답이 거기에 나와 있다.

그러나 부득이하게 부동산을 처분해야 할 때도 있다. 지금 소유한 부동산보다 더 나은 미래가치를 가진 부동산에 재투자하는 경우다. 더 나은 입지와 수익률을 보장하는 물건에 투자하기 위해 덜 가치 있는 것을 과감하게 포기하는 것도 현명한 투자 전략이다. 더 우량한 물건은 시간이 흐르면 그만큼 더 큰 담보가치를 실현할 가능성이 높기 때문이다.

부동산은 '담보가치의 상승'을 실현하는 자산이다. 그래서 부동산을 소유하는 자체가 이기는 게임에 참여하는 것이다.

부동산 처분은 최후의 보루여야만 한다. 부동산 자산은 향후 위기에 빠진 사람에게 구원자가 될 수 있기 때문이다. 부동산을 보유한 기간 자체가 수익이 창출되는 시간이다. 그래서 부동산은 보유가 사고파는 것보다 훨씬 더 중요하다.

가치 있는 부동산을 보유하고 있다면 부동산을 언제 팔아야 할지 고민하기보다 소유하고 있는 지금을 즐기는 마음의 여유를 가져 보기 바란다.

직장인 투자자를 위한
부동산
실전 가이드

PART 4 직장인 투자자를 위한 부동산 실전 가이드

No에 사고 Yes에 판다

'투자의 귀재'로 유명한 워런 버핏의 친구이자 그를 움직이는 막후의 실세로 알려진 찰리 멍거는 투자에서 생각의 전환, 역발상의 중요성을 강조하면서 다음과 같은 이야기를 했다.

"뒤집어라. 언제나 뒤집어라. 어떤 상황이나 문제를 뒤집어서 보라. 정면이 아니라 뒤에서 보라. 다른 사람 입장에서 보라."

찰리 멍거는 눈앞에 존재하는 상황을 그대로 볼 것이 아니라 상황을 대하는 발상의 전환이 중요하다는 점을 강조한다.

모든 상황이 문제투성이로 보이는 위기라 할지라도 그것을 어떻게 바라보느냐에 따라 완벽한 기회가 될 수 있다. 반대로 이보다 더 좋을 수 없다고 모두 외치며 샴페인을 터트리고 있을 때, 앞으로 닥칠 위기에 대비해야 할 시기라고 생각해야 한다.

찰리 멍거의 주장에 대한 근거를 찾기 위해 과거로 돌아가 보자.

1997년 IMF 외환위기 때, 주택뿐 아니라 토지시장마저 추풍낙엽 같았던 시기였다. 당시 갑작스럽게 발생한 환란換亂으로 빚을 감당하지 못해 시장에 나온 토지 매물은 최고 50%까지 급락했다.

그러나 다행히 정부가 재빨리 경제회생 정책을 실행해 토지시장은 다시 안정을 되찾았고, 이후 각종 대형 개발계획이 발표되면서 토지 가격은 서서히 급등세로 돌아섰다. 당시 이런 상황을 이용해 아파트나 토지의 급매물을 사들인 투자자가 많았는데, 부동산 가격이 다시 제자리를 찾아가자 매수한 부동산을 처분해 엄청난 시세차익을 얻었다.

2003년에는 부동산 가격이 다시 폭등할 조짐을 보이자 정부는 고강도 규제책인 '8·31 부동산대책'을 내놓았다. '8·31 대책'의 골자는 부재지주 양도소득세 중과와 토지 전매기간 제한 등의 시행으로 토지 시장은 다시 급속도로 냉각되기 시작했다. 토지 투자는 세금을 내고 나면 건질 게 거의 없다는 비관적인 전망이 주류를 이루었고 기존의 토지 투자자도 대거 토지 시장을 이탈하는 조짐이 나타났다.

하지만 시장의 일시적인 침체기를 틈타 우량한 토지를 싼 값에 선점하려는 투자자가 일부 지역에서 눈에 띄기 시작했다. 특히 이들은 대형 개발 재료가 연이어 준비 중인 수도권지역 중 토지거래

허가구역에서 제외된 곳을 중심으로 급매물 토지를 집중적으로 사들였다.

이들은 정부의 규제정책이 쏟아질 때가 오히려 기회라는 것을 직감적으로 알고 있었다. 대부분의 사람은 주식과 마찬가지로 부동산도 쌀 때 사두어야 수익이 남는다는 상식을 모두 가지고 있다.

그러나 부동산 가격이 실제로 하락하거나 폭락하면 사람은 부동산을 사려고 하지 않는다. 오히려 부동산을 사는 사람을 이상하다고 생각한다.

일반적으로 사람 마음속에는 부동산 가격이 하락할 때 사면 자신이 산 가격보다 더 떨어질 수 있다는 두려움과 현재의 가격보다 더 떨어지기를 기다렸다가 사겠다는 욕심, 이 두 가지 생각이 늘 교차한다. 하지만 두려움과 욕심으로 갈팡질팡하다가 결국 기회를 놓친 사람이 주위에 많다.

항상 기회가 지나간 후 '그때 그걸 사두었더라면 지금쯤 수익을 벌었을 텐데…'라고 후회한다. 그런데 더 큰 문제는 과거에 후회했던 사람이 시간이 한참 지나고 나면 그때의 일을 망각하고 다시 같은 행동을 반복한다는 것이다.

부동산 시장의 바닥 시점은 아무도 알 수 없다. 바닥을 지나고 나서야 나중에 바닥이었음을 인지할 뿐이다.

부동산 침체기에 언론 뉴스를 보면 온통 우울한 시장 상황만 보인다. '앞으로 시장이 어려워질 수 있으니 매수를 자제하고 관망해야 한다' '정부가 칼을 빼 들었으니 이제 당분간 부동산 시장의 호황은 끝났다'고 보도한다. 그래서 과연 정말 그렇게 되었을까? 답은

'아니올시다' 이다.

언론 뉴스는 후행적인 성격을 띤다. 즉 이미 일어난 객관적인 사건을 기준으로 보도한다. 언론사 자체 분석으로 지금의 시장 상황이 바닥이라고 판단해도, 뉴스는 지금이 바닥인 것 같다는 식의 보도는 잘하지 않는다.

이것은 사실을 근거로 보도해야 하는 언론의 공익적 특성 때문이다. 심지어 시장에서 반등 조짐이 보여도 '기술적 반등이다' '일시적인 반등 현상일 수 있다'라는 표현 등으로 사실에 대해서 보수적으로 접근하는 경향이 있다. 이처럼 언론은 특정 계층이 아닌 대중을 상대로 사실을 보도해야 하는 특성 때문에 후행적인 성격을 띤다. 그래서 언론 기사로 부동산 시장의 실질적인 동향을 파악하기에는 매우 부족하다.

기회를 포착하면
과감하게 실행해야

그렇다면 언론 뉴스는 전혀 가치가 없는 것일까? 언론 뉴스는 투자자에게 매우 중요한 역할을 한다. 특히 매수와 매도 타이밍을 잡을 수 있는 바로미터 역할을 하고 또 대중이 어떻게 부동산 시장을 바라보는지 가이드라인을 제시해 주기 때문이다.

나 자신도 한 때는 부동산에 무관심한 시절이 있었다. 부동산 투자자를 투기꾼으로 보고, 임대인을 욕심이 가득한 불로소득자로 본 시절 말이다. 그때는 언론이 전하는 부동산 기사를 전지전능한 사실로 알고 그대로 받아들였다.

투자자는 언론을 접하는 대중의 생각을 역발상의 시각으로 바라봐야 한다.

부동산 시장이 끝났다고 언론과 주위 사람이 아우성을 치고 두려움을 이야기할 때가 바로 실질적인 바닥에 근접한 최적의 '매수 타이밍'임을 깨달아야 한다.

2013년 후반, 서울의 아파트 가격이 소위 최저점을 찍고 있을 당시 마곡지구에서는 공격적인 투자자가 전세를 끼고 여러 채의 아파트를 주워 담듯이 매수를 했다. 그리고 서울 아파트 가격이 다시 급등하던 2017년 전후로 일괄 매도를 한 후 엄청난 큰 수익을 챙겼다. 일각에서는 이것을 투기라고 말하겠지만, 투자자의 입장에서는 혼란한 시장 상황을 역발상의 시각으로 보고 과감하게 투자하여 성공을 거둔 사례라고 본다.

타인의 투자 성공 사례를 들으면 한편으로 투자라는 것이 참 쉽게 느껴진다. 하지만 정작 본인에게 동일한 조건과 기회가 주어져도, 확신이 없으면 과감한 투자 결정을 내리기 쉽지 않다.

투자자는 언론 기사와 주위 의견에 귀를 기울이되 다른 생각과 시각으로 판단하고, 남이 인지 못하는 기회를 발견했으면 과감하게 실행에 옮기는 행동력도 갖추어야 한다.

그러나 자신의 관점과 생각은 하루아침에 바뀌지 않는다. 관점을 바꾸기 위해서 꾸준한 노력과 훈련이 필요하다.

"최고로 비관적일 때가 가장 좋은 매수 시점이고, 최고로 낙관적일 때가 가장 좋은 매도 시점이다."

2008년에 작고한 '월스트리트의 살아있는 전설'로 불린 세계적인 투자자 존 템플턴의 말이다. 투자자로 성공하고 싶으면, 주위 사람이 'No'라고 말할 때가 사야 할 때이고, 'Yes'라고 말할 때가 팔아야 할 때임을 기억하자.

모든 사람에게 투자의 기회는 반드시 온다. 하지만 기회를 잡는 사람은 이러한 교훈을 기억하고 실행하는 사람이다.

역발상의 투자는 모든 투자 방법의 시작과 끝이라고 해도 과언이 아니다. 결국 문제는 투자 기회를 포착하는 생각과 관점의 전환이다. 자신의 생각과 관점이 바뀌면 문제에 대한 새로운 아이디어와 해결 방법 역시 자연스레 떠오른다. 시장을 바라보는 자신의 생각과 관점이 투자의 성패를 좌우하는 핵심이라는 것을 꼭 기억하자.

POINT

부동산 구입 시 주의할 점 하나

주변 시세보다 현저히 저렴한 급매물이 나왔다면 매도자의 매도 사유를 꼼꼼히 파악해 볼 필요가 있다. 이는 급전이 필요한 경우가 대부분이지만 치명적인 물리적 하자 또는 법적 하자로 인해 정상적인 거래로는 매도가 어려운 부동산일 수도 있기 때문이다.

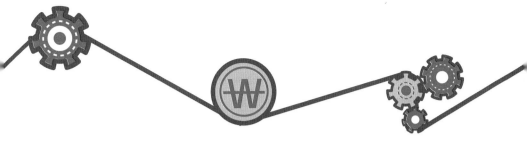

역세권 투자는
황금알을 낳는 거위다

역세권 하면 어떤 것이 가장 먼저 떠오르는가? 아마도 전철역에서 가까운 아파트나 다양한 상가 그리고 개찰구를 나오면 바로 지하 통로로 연결된 백화점과 마트 등이 떠오를 것이다.

모든 대중교통 수단 중에 안전성과 정확성, 편리성 등의 기준으로 보면 아직까지 철도를 능가하는 교통수단은 없다. 철도 교통이 없는 우리의 삶은 이제 상상할 수 없다.

동일한 평형대의 아파트도 전철역과의 거리에 따라 가격이 수천만 원에서 수억 원까지 차이가 난다. 지방의 KTX 역사나 일반철도의 역사 등에서도 이와 비슷한 경향을 쉽게 본다. 이제 도시 전체의 발전 중심축은 철도 역사를 중심으로 재편되는 것을 알 수 있다.

철도는 건설비용이 막대하고 구축 여부가 국토 전체의 발전 방향과 직결되는 만큼 국가의 철저한 사전 계획에 의해서 건설된다. 국가의 철도 구축 사업은 '국가철도망 구축계획'을 중심으로 '국토개발계획'과 '도시개발계획' 등이 서로 맞물려 여러 차례의 타당성 조사를 거친 후, 수십 년간에 걸쳐 진행되는 장기적인 국가사업이다.

일단 수립된 철도 구축 계획은 큰 틀이 바뀌거나 수정되는 경우는 매우 드물다. 즉 확정된 계획은 시간문제일 뿐 결국 계획대로 실행이 된다고 봐도 무방하다. 투자자 입장에서 이것은 확실한 개발 정보이므로 미래에 역세권이 될 곳을 선점하여 투자하면 큰 수익을 올린다.

2016년에 '3차 국가철도망 구축계획'이 처음 수립되었다. 이 계획은 2020년 수정계획을 거쳐 2025년에 최종 완성될 예정이다. 현재 수립된 '3차 국가철도망 구축계획'에 따르면 2025년까지 국민의 85%가 고속 및 준고속 철도의 혜택을 보는 것이 목표다. 이것은 국민 대다수의 생활권이 철도역을 중심으로 형성되고, 앞으로 개발될 신도시 역시 철도역과 연계되어 조성될 가능성이 높음을 유추할 수 있다.

지금까지는 기존 도심의 교통 편의를 위해 철도가 건설되었다면, 이제는 철도가 지나가는 길목을 중심으로 신도시를 만드는 개념이 자리 잡는다.

역사의 위치나 건설 시기 등 역세권 투자를 위한 정보는 어떻게 얻을 수 있을까? 투자 정보의 취득 방법에 앞서, 역세권에 투자하는 방법은 어떤 것들이 있는지 알아보자.

첫째, 이미 구축된 전철역이나 역사가 들어오기로 예정된 곳 인근의 아파트나 주택, 상가 등을 매입하는 방법이다. 그러나 이 방법은 상대적으로 많은 투자자금이 필요하고, 미래에 조성될 역세권에 대한 프리미엄이 이미 분양가나 매입가에 반영된 경우가 많아 투자 대비 수익률이 그다지 높지 않다. 따라서 인근에 생활권이 있는 실입주자가 아니면 추천할 만한 방법은 아니다.

둘째, 신설 역사가 들어올 곳 인근의 원형지 토지를 개발 계획 수립의 초기단계에 매수하는 방법이다. 상대적으로 적은 투자자금으로 최고의 수익을 올릴 수 있는 투자 방법이다. '원형지'란 개발이 되기 전 원래 있던 그대로의 토지를 말한다. 역세권 개발이 본격화되기 전인 '원형지' 단계에 투자해야 하는 이유는 역사 건설 착공단계 이후부터 사업이 단계별로 진행됨에 따라 지가상승도 가파르게 오르기 때문이다.

하지만 '원형지' 투자 방식에도 단점이 있다. 한 번 확정된 국가의 개발계획은 정부가 바뀌어도 큰 틀에서 분명히 계획대로 이행되지만 국가 예산의 우선순위나 보상 문제 등으로 기존 계획상의 일정이 지연되는 경우가 허다하다. 이로 인해 투자 기간이 길어져 돈이 묶이고, 개발 완료 시점까지 수년을 더 기다려야 하는 일도 발생한다. 그러나 정확한 개발 정보에 의해 입지가 검증된 곳에 투자를 했으면 기다린 기간만큼 보상도 클 것이다.

투자자는 최고의 투자법을 찾는 것이 아니라 늘 최선의 투자법을 찾는데 노력해야 한다. 리스크가 없는 투자는 세상에 존재하지 않는다. 중요한 것은 리스크를 파악하고 최선의 대처 방법을 찾는 것이다.

역세권 토지 투자를 할 때 리스크를 줄이는 최적의 방법은 무엇일까?

역사가 개발되는 위치나 건설 시기 등에 관해 정확한 정보를 파악하는 것이다. 철도 역사 개발에 관한 정보는 정부가 공시한 여러 국가 계획을 면밀히 분석해 보면 대략적인 밑그림을 예측할 수 있고 구체적인 내용까지 유추가 가능하다.

앞으로 신도시 개발 때
철도역사도 동시에 건설

먼저 '국가철도망 구축계획'과 함께 '국토계획법' '광역도시계획' 각 지자체의 '도시관리계획' 등을 함께 살펴보아야 한다. 각각의 개발 계획은 국토교통부 홈페이지나 각 지자체 홈페이지를 통해 확인이 가능하다.

확정된 개발 계획을 서로 비교해 보면서 관심 있는 지역의 '광역교통계획'을 중점적으로 파악한다. '광역교통계획'도 각 지자체 홈페이지나 인터넷을 활용해 쉽게 찾아볼 수 있다. 이어서 개발 진행 상황을 알기 위해 관련 기관 홈페이지를 통해 공람과 고시 등을 확인하고, 상세한 내용은 담당자에게 전화나 방문해 확인하면 된다.

그리고 각 지자체에서 확인이 어려운 정보는 지자체 의회 홈페이지나 지역신문을 참고하면 더 정확하고 많은 정보를 얻을 수 있다.

그러나 개발 정보를 입수했다고, 어디에 어떤 토지를 사야 하는

지 감을 잡기란 쉽지 않다. 일단 기본적인 개발 정보를 숙지한 후 현장 답사를 통해 인근 부동산중개업소 여러 곳을 방문해보자. 그리고 실제 개발 진척률 등을 따져보고 투자 가능한 물건의 현황과 현재 시세 등을 알아보아야 한다.

역세권 토지를 매입할 때 주의해야 할 사항은 일반 토지 경우와 크게 다르지 않다.

먼저 해당 토지를 알아보기 위한 가장 중요한 서류는 '토지이용계획 확인원'이다. 토지를 어떻게 개발하고 사용할 수 있는지 국가가 정해준 기준을 확인하는 서류다. 토지가 개발이 가능한 토지인지, 가능하다면 어떤 방식의 개발인지 등에 대한 정보를 파악할 수 있다.

예를 들면 서류에 '문화재 등 보호구역' '수자원 보호구역' '국공립공원' '자연환경보전지역' 이라는 용어가 보이면 일단 그 토지는 개발이 원천적으로 불가능하다고 보면 된다. 기타 다른 용도지역이나 용도구역에 관한 내용은 관련 법률과 지역 조례의 조건에 따라 개발에 대한 제약조건이 다르므로 해당 토지에 적용되는 규제 조건들을 확인해야 한다.

각각의 용어에 대한 대략적인 의미는 인터넷을 통해서 파악할 수 있다. 특히 '토지이용계획 확인원'에서 반드시 확인해야 할 용도지역과 용도지구, 용도구역에 대한 설명은 뒤에서 더 자세히 다룰 예정이다.

역세권이 본격 개발되면 신설 역사와 가까운 주변의 토지는 역세권 개발 계획에 의거해 용도지역 등으로 변경되기 때문에 현재 개발이 사실상 불가능하거나 개발에 대한 실익이 없는 토지도 용도변경에 의해 개발 가능한 토지로 바뀌게 된다.

역세권 개발 계획은 신설 역사의 규모에 따라 그 범위가 달라질 수 있기 때문에 토지를 매수하기 전에 반드시 해당 토지가 개발 계획의 범위 안에 들어갈 가능성에 대해서 사전 확인이 필요하다. 하지만 역세권 개발 계획이 최종 공고되기 전에는 100% 정확한 정보를 알 수는 없기 때문에 현재의 역세권 개발 계획의 예상 범위 내에 있고 동시에 현 상태의 공부公簿상으로도 충분히 개발이 가능한 토지를 매수하는 것이 가장 안전한 투자 방법이다.

역세권의 범위는 인근의 유동인구나 상권 등에 따라 달라지지만, 일반적으로 역에서 500m까지를 직접 역세권 또는 1차 역세권이라 하고, 500m 지점에서 1km까지를 간접 역세권 또는 2차 역세권으로 구분한다.

직접 역세권은 철도역 이용객의 일상적인 상업·업무기능, 숙박 등 복합용도의 고밀도 주거 기능이 들어서며 간접 역세권은 직접 역세권 기능을 보조하기 위한 배후 주거 기능을 포함한 지역이다. 역세권 개발의 계획 단계에서 역사가 들어설 정확한 위치를 알기는 어렵다. 정부가 투기를 차단하기 위한 목적도 있고, 나중에 실제 역사의 위치가 기존에 예정된 위치와 달라지는 경우도 많기 때문이다.

현장에 가보면 역세권 토지를 전문으로 하는 중개인이 많다. 이들은 역세권 개발 정보에 관한 분석이 매우 빠른 편이다. 투자 리스크를 줄이기 위해 내가 알던 정보와 이들의 정보를 비교 분석해 볼 필요도 있다. 주의할 점은 역세권 토지 전문가를 사칭하는 기획부동산도 많기 때문에 취득한 정보는 반드시 신뢰할 만한 전문가를 통해 다시 검증하는 과정이 필요하다.

역세권 토지에서 가장 좋은 수익률을 올릴 수 있는 곳은 상업지가 들어설 직접 역세권지역이다. 역사의 위치는 지자체 고시에 의해 확정 발표가 되기 전까지 정확히 위치를 알 수 없지만 역세권 전문가나 인근 부동산에 유통되는 정보를 통해서 대략적인 위치는 파악이 가능하다.

역세권 토지 투자는 한 발 빠른 투자가 핵심이다. 역사의 위치가 확정, 고시되면 투자 리스크는 줄지만 가격 상승으로 투자 수익률은 훨씬 떨어진다.

투자 리스크를 최소화하면서 수익률을 끌어올리는 최상의 방법은 개발 초기 단계에 간접 역세권 내 토지에 투자하는 것이다.

개발 계획이 확정되지 않은 초기 단계에 직접 역세권에 투자하는 것은 다소 위험하다. 왜냐하면 투자금의 규모가 더 커지는 단점도 있지만 아직 역사가 들어오는 위치가 불분명해, 투자한 토지가 추후 신설 역사의 개발 부지로 수용이 되어버릴 가능성도 있기 때문이다. 이러한 경우 수용에 따른 보상은 받지만 사실상 투자 대비 수익률은 거의 없다.

역세권 투자의 구체적인 사례를 알고 싶으면 인터넷 등을 통해 이천의 '부발역' 또는 서해선의 '안중역' '당진역' 등의 사례를 참고하면 도움이 될 것이다.

역세권 투자는 분명 황금 알을 낳는 거위다. 가장 큰 이유는 앞으로 생기는 신도시는 반드시 역사를 끼고 개발되기 때문이다. 역세권 개발은 곧 신도시 개발이라는 등식이 성립된다는 의미다.

정부는 예전처럼 신도시를 만든 후 철도역이 들어가던 방식에서 벗어나 철도역과 도시를 동시에 통합 개발하는 형식으로 건설한다.

정부는 이미 국민의 85%가 철도역을 중심으로 하나의 생활권에 모여 사는 '빅 픽쳐' 계획을 그리고 있다. 따라서 투자자라면 미래 가치가 확실한 역세권 토지 투자에 더 관심을 가져야 한다.

POINT

역세권 토지의 투자 가치

토지 투자자라면 새로운 역사가 들어오는 곳의 인근에는 신도시가 함께 개발된다는 패턴을 기억할 필요가 있다. 새로운 철도 역사는 산업단지와 같은 새로운 일자리와 그에 따라 새로이 유입되는 인구가 거주할 수 있는 신도시 건설계획이 없이는 만들어지지 않는다.

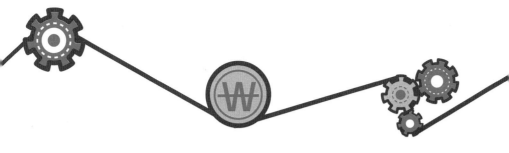

재개발, 재건축
제대로 알고 투자하자

　우리나라 사람이 가장 선호하는 주거 형태 1순위는 역시 아파트다. 아파트를 마련하는 방법은 여러 가지가 있다. 이 중 재개발, 재건축 투자는 미래에 짓는 새 아파트의 입주 권리를 취득하는 방법이다. 이번 장에서는 재개발과 재건축의 차이점과 올바른 투자 방법 그리고 투자자가 반드시 알아야 할 내용과 주의사항 등을 이야기 하겠다. 먼저 수익성 측면에서 재개발과 재건축 사업의 차이점을 알아보자.

　재건축은 도로나 공원 등 정비기반 시설이 양호한 곳의 아파트 단지나 단독주택 밀집지역에서 이루어진다. 반면에 재개발 사업은 정비기반시설이 열악한 곳을 개발하는 사업이기 때문에 재건축에 비해 공공사업의 성격이 좀더 강하다.

재개발은 공공재인 정비기반시설을 추가로 지어야 하므로 기부채납 비율이 재건축에 비해 훨씬 높다. 또한 재건축에 비해 '현금청산자'가 많이 발생해 조합의 금융비용 부담이 가중되어 사업성이 나빠지는 경우도 있다. 그래서 재개발 조합은 현금청산자의 숫자를 줄이기 위해 여러 노력을 기울인다.

그러나 재개발 사업이 성공하면 새로운 교통 및 학군 인프라 등을 포함한 주거 환경이 크게 향상되기 때문에 최소한의 투자자금으로 조합원 분양이 가능한 지분의 다세대 빌라에 투자한다면 큰 수익을 낼 수 있다.

초기 투자자금이 더 많이 들어가는 것은 단연 재건축이다.

재개발지역이 대부분 낡은 다세대 빌라로 이루어진 반면 재건축 대상지의 대부분은 인프라가 잘 갖추어진 곳에 지은 기존의 아파트 단지이기 때문이다.

재건축 단지는 건물의 노후화로 전세가가 인근 신축아파트보다 이미 낮은 상태인데, 사업이 확정된 후에는 매매 가격만 더 오르기 때문에 전세 레버리지를 활용해도 투자자금의 부담은 더욱 커진다.

게다가 재건축은 '세입자 주거 이전비'나 '상가 영업보상비' 등의 재개발 사업 때 지급되는 혜택도 없어 레버리지를 활용할 여지가 더 줄어든다. 하지만 강남이나 서울 주요 도심, 지방 도시의 각 핵심지역과 같이 이미 탄탄한 인프라를 갖춘 곳이라면 신축 아파트의 희소가치 등이 더해져 재개발 투자에 비해 더 빠르고 안정적인 수익을 올릴 수 있다.

그렇다면 초기 투자자금 측면에서 상대적으로 더 유리한 재개발 사업의 경우 투자 시 유의할 점은 무엇일까?

재개발 투자의 가장 중요한 포인트는 투자 시점의 선택이다. 일반적으로 재개발은 사업 기간이 매우 길다. 정비계획 수립 단계부터 입주까지의 기간이 빠르면 10년, 보통은 15~20년 정도로 봐야 한다. 이 기간도 사업이 순탄하게 진행될 경우에 해당한다.

재개발 투자는 사실상 시간과의 싸움이다. 또 사업 추진 중간에 금융위기나 정부의 부동산 정책 변화 등으로 사업이 중간에 무산되는 경우도 허다하다.

즉 사업 시행에 대한 리스크가 큰 편이다. 리스크를 최소화하기 위해서는 추진 속도가 빠르고 사업 추진을 사실상 되돌리기 어려운 단계에 있는 지역에 투자하는 것이 중요하다.

따라서 재개발 투자는 '사업시행 인가'나 그 이후 단계인 '관리처분 계획 인가' 시점에 진입하는 것이 안전하다. '사업시행 인가' 이전 단계 경우, 상대적으로 적은 투자자금으로도 진입이 가능하지만 사업이 무산될 리스크는 감수해야 한다. 투자자금이 부족해 부득이 초기 단계에서 진입할 때에는 사업이 무산돼도 임대나 재매도가 용이한 물건을 선택해야 한다.

또 하나 주의할 점은 2017년 공표된 '8·2대책'에 따르면 투기과열지구 내 재개발 사업지의 경우, 2018년 1월 24일 이후 '사업시행 인가'를 신청한 구역은 상속이나 이혼 등의 예외적인 경우를 제외하고 '관리처분 계획 인가'로부터 '소유권 이전 등기'가 완료되는 시점까지 조합원의 지위 양도가 제한된다.

즉 양도가 제한된 기간에 재개발 주택을 매수한 사람은 현금청산
대상이 되므로 재개발 구역의 '사업시행 인가' 신청일자를 사전에
반드시 체크해야 한다.

〈재개발, 재건축의 추진 절차 개요〉

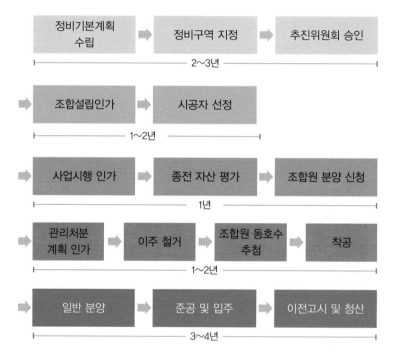

재건축 사업은 재개발에 비해 사업 추진 상 리스크가 더 적고 수
익률도 높기 때문에 로또 대접을 받은 시절이 있다. 하지만 지금은
정부의 강력한 규제로 추진 중이던 사업마저 좌초되는 일이 발생하
고 있다.

재개발, 보통 10~15년 소요
재건축, 초과이익 환수제 알아야

특히 투기과열지구 내 재건축 아파트는 재개발 사업지와 마찬가지로 '조합설립일'로부터 '소유권 이전등기' 때까지 조합원 지위의 양도가 제한된다. 단 1가구 1주택 10년 보유, 5년 거주 요건을 갖춘 조합원 등 몇 가지 예외적인 경우는 지위 양도가 가능하다.

또 투기과열지구 내에서 재개발·재건축의 일반 분양이나 조합원 분양에 당첨된 사람은 투기과열지구 내의 다른 재개발·재건축 분양의 재당첨이 5년간 금지된다는 관련 조항도 자세히 살펴보아야 한다.

재건축에 투자하려면 현재 이슈가 된 '재건축 초과이익 환수제'를 반드시 숙지한 후 투자를 결정해야 한다. 왜냐하면 현재의 재건축 투자시장 전체를 이 규제가 사실상 흔들고 있기 때문이다.

'재건축 초과이익 환수제'란 재건축으로 조합원이 얻은 이익이 인근 집값 상승분과 비용만큼을 제외하고 조합원 1인당 평균 3천만 원을 넘으면 초과 금액에 대해서 최고 50%를 부담금으로 환수하는 제도다.

구체적으로 말하면, 추진위원회 설립 승인이 된 시점에서 재건축 준공 인가가 종료된 시점까지의 집값 상승분에서 같은 시기에 인근 정상주택의 가격 상승분과 개발에 투입된 비용을 뺀 금액이 조합원 1인당 평균 3천만 원이 넘을 경우, 해당 초과분에 대해 세금을 부과

하겠다는 것이다. 부과 대상은 2018년 1월 2일 이후 관리처분 인가를 신청한 재건축 조합부터 해당된다.

재건축 초과이익 환수제는 실현된 이익에 대해 세금을 내는 것이 아니라 아직 미실현된 이익에 대해 과세를 하는 부분에서 많은 논란을 일으키고 있다. 집주인의 입장에서는 재건축을 통해 입주한 아파트의 값이 올랐다고 수중에 당장 활용 가능한 이익금이 생긴 것이 아니기 때문에 이대로 시행되면 여유 자금이 부족한 일부 집주인은 세금을 내려면 궁여지책으로 집을 팔아야 하는 상황까지 발생할 수 있다.

부동산 시세는 언제 다시 침체기가 와서 가격이 하락할지 모른다. 그런데 만약 집값이 지금의 시세보다 더 떨어지면 다시 그만큼을 세금으로 환급해 준다는 조항은 없다. 바로 이것이 또 모순이다.

게다가 재건축 초과이익 환수제에 해당하는 부담금을 내는 사람은 최종 소유자다. 재건축 추진위원회가 만들어진 후 아파트를 매수했으면 초과 이익에 대한 부담금 과세 대상자는 해당 매수자가 된다. 이 매수자는 재건축 사업이 최종 종료된 후 받은 새 아파트를 매도한다면 양도소득세뿐 아니라 별도로 초과 이익 부담금까지 내야 한다. 이것을 이중과세라고 하는데, 주민들이 위헌 소송을 낸 적 있지만 기각된 사례가 있다.

정부는 최종 소유자의 경우 시행 규제를 이미 인지하고 재건축 아파트를 매수했기 때문에 발생되는 모든 세금도 응당 납부할 의향이 있는 것으로 판단한다. 그러나 실제 현장에서는 이중과세 상황을 잘 모르고 재건축 사업에 투자하는 일이 많다.

정부의 규제 내용을 정확히 알지 못하고 지금 재건축 시장을 투자할 경우, 오락가락하는 정부 규제와 세금 부담 등으로 실익은 없이 '배보다 배꼽이 더 큰 투자'가 될 수 있으므로 투자에 더욱 신중을 기해야 한다.

재개발, 재건축 투자는 방법과 노하우 등에 관해 이미 대중에게 어느 정도 잘 알려져 있어 검증된 보수적인 투자법이다. '소문난 잔치에 먹을 것이 없다'는 속담처럼 이제는 일반 소액 투자자까지 많이 몰려 투자자금의 규모는 매년 더 커지고 정부의 강력한 규제도 함께 시행되면서 수익률은 예전 같지 못하다.

재개발 투자는 일부 지방의 사업지역을 제외하면 투자자금의 규모가 전체적으로 커져서 더이상 소액으로 접근하기 쉽지 않다.

특히 현재 서울 주요 지역의 재개발 투자 물건은 프리미엄만 수억 원에 이른다. 게다가 부동산 경기가 다시 침체기에 이르면 아파트 분양시장 역시 불황기를 맞이할 수도 있다. 그렇게 되면 착공이 지연되거나 저조한 분양 실적으로 인한 추가 분담금 발생 등 때문에 조합원에게 돌아가는 실제 이익은 크지 않을 수 있다.

재건축 사업은 정부의 강력한 규제로 사업이 좌초되거나 추진 예정이던 사업이 백지상태로 되돌아간 경우도 많다. 특히 정부는 부동산 투기세력 억제의 본보기로 강남, 여의도, 목동 등 서울의 주요 재건축 사업을 꼽는 상황인 만큼 당분간 재건축 관련 규제가 풀릴 여지는 적다.

그러나 어떤 분야든 영원히 나쁜 상황은 없다. 실물 경기와 시장 상황이 달라지면 재개발, 재건축 투자 시장도 언제든지 국면이 바뛸 수 있다. 투자는 위기를 기회로 이용하여 수익을 내는 것이다. 재개발, 재건축 투자에도 아직 기회는 분명히 숨어 있다. 부동산 경기의 동향을 잘 살피고 투자 시기와 투자처를 꼼꼼히 선별한다면 재개발, 재건축 투자를 통해 내 집 마련의 기쁨과 투자 수익을 한 번에 이룰 수 있다.

POINT

비례율

재개발·재건축 사업의 사업성을 측정하는 지표 역할을 하는 요소다. 통상 100보다 높으면 사업성이 좋다고 볼 수 있다. 비례율은 사업이 완료된 후 평가되는 전체 자산 총액인 '종후자산평가액'에서 사업 진행에 들어간 비용인 공사비(시공비)와 금융비와 같은 기타 비용을 포함한 '총사업비'를 뺀 금액에 조합원들이 현재 소유하고 있는 토지와 건축물의 감정평가 총액인 '종전자산평가액'을 나눈 금액에 대한 백분율로 계산한다.

• 비례율=(종후자산평가-총사업비)/종전자산평가x100

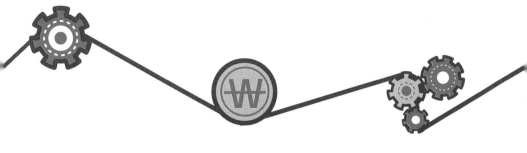

토지는 최고 수익률의 퇴직연금이다

'이 넓은 대한민국 땅에는 모두 땅 주인이 있을 텐데, 왜 내 땅은 한 평도 없을까?'

부동산에 관심 있는 사람이라면 아마 누구나 한 번쯤은 이런 생각을 해보지 않았을까?

나 역시 마찬가지로 '부자는 왜 땅 투자에 목을 매고, 내 눈에는 그냥 빈 땅으로 보이는데 땅값은 왜 이렇게 계속 오르는 것일까?'라는 궁금증도 많았다.

땅값이 오르는 데는 분명 이유가 있다. 단지 그것에 무관심한 일반인은 정확히 잘 모르고 있을 뿐이다. 하지만 그 이유를 잘 알고 땅 투자로 돈을 번 부자는 계속해서 땅에 투자를 한다.

우리나라는 국토의 면적은 작지만 이제는 세계가 인정하는 선진 산업 국가가 되었다. 제조업과 서비스업이 주축인 산업 국가는 인적 자원이 풍부해야 최대의 이윤을 창출할 수 있다. 우리나라 역시 경제 규모가 확장됨에 따라 인적 자원이 풍부하고 밀집되어 있는 도시를 더 많이 필요로 한다.

이런 이유로 국가가 정책적으로 새 도시를 건설하고 기업 이전을 유도하여 많은 새로운 일자리가 생기면 그 지역과 인근의 땅값은 가파르게 오른다.

국토개발이라는 큰 흐름에서 볼 때, 정부의 정책과 의도는 토지 투자에 있어서 매우 중요한 요소다. 국가는 토지를 쓰임새에 따라 구분하는데, 토지 투자에 앞서 구분 기준을 먼저 이해해야 한다. 토지는 눈에 보이는 물리적인 상태보다 법적으로 구분된 용도가 훨씬 더 중요하다. 구분 용도는 국가가 그 땅을 앞으로 어떻게 쓰겠다는 계획을 담고 있어 이를 모르고서는 토지 투자를 할 수 없다.

우리나라 국토는 크게 4개의 '용도지역' 개념으로 나뉜다.

'도시지역' '관리지역' '농림지역' '자연환경보전지역'으로 이 중 '도시지역'은 전체의 약 16% 정도다. 현재 16%의 땅에 우리 국민의 92%가 살고 있다.

'도시지역'은 다시 '주거지역' '상업지역' '공업지역' '녹지지역'으로 세분화된다. 이 중 사람의 거주가 가장 희박한 '녹지지역'은 도시지역 전체의 약 72%를 차지한다. 종합해 보면 우리 국민 전체의 92%는 전체 국토의 5%도 안 되는 땅에 살고 있다는 계산이 나온다.

우리나라 국토의 70%는 산악지역이다.

그래서 도시화가 가능한 평지는 매우 부족하다. 다시 말해 도시가 될 후보지 땅이 그리 많지 않다는 뜻이다.

따라서 우리나라의 산업적 특성과 산악지역이 많은 국토의 특수성, 금융 인플레이션 등 때문에 앞으로 도시지역을 중심으로 땅값은 계속 오른다고 예상할 수 있다.

즉 투자 대상이 되는 토지는 '도시지역' 또는 '도시지역'으로 바뀌게 될 토지라는 결론을 얻을 수 있다.

새로운 곳이 도시로 개발되면, 정부는 원주민이나 토지 소유자에게 법적 보상을 한다. 이때 개발되는 토지의 규모가 크면 보상금의 액수 또한 수조 원 단위의 천문학적 규모가 된다. 막대한 보상금 중약 40%는 '대토'라는 방식으로 인근 토지시장에 재투자된다. 나머지 상당 부분도 인근 지역의 부동산으로 유입되는 경향이 강하다.

토지 보상은 결국 인근 지역의 토지 가격을 크게 끌어올리는 역할을 한다. 또 도시 개발이 본격적으로 진행되어 개발 성과를 눈으로 확인할 수 있게 되면 투자자가 더 늘면서 토지 가격은 천정부지로 오르기 시작한다.

이렇듯 도시화가 서서히 진행되면서 토지 가격은 일련의 과정을 거쳐 순차적으로 오른다. 기존 구도심은 도시재생사업 등을 통해 주거와 교통 환경이 개선되고 지역인구가 증가하면 자연스레 토지 가격도 오른다.

자금 여력이 충분한 부자가 강남지역의 건물을 매입하는 가장 큰 이유 역시 '강남 땅'에 투자하려는 욕구 때문이다. 건물을 짓는 공사

비용만으로 따질 때 서울 강남의 5층 건물과 시골 읍면의 5층 건물 간의 차이는 거의 없다. 그러나 건물을 지은 토지 가격의 차이로 가치가 수십억 원이나 벌어진다.

서울 최초의 신도시로 '강남'이 처음 조성됐을 때 강북 주민들이 이전을 기피했다. 정부는 주민들의 강남 이주를 촉진시키기 위해 강북의 주요 명문 고등학교를 강남으로 옮겼다. 그 후 강남은 지금 가장 높은 땅값을 기록하는 지역이 됐다.

서울에 강남을 만든 배경은 강북의 인구를 분산하려는 정부 정책에서 시작됐다. 당시 강남지역에 논밭을 소유한 사람 중에는 성급히 처분해 큰 이익을 얻지 못한 사람도 있지만, 토지 보상금으로 벼락부자가 된 사람도 많았다. 나는 토지 투자에 관심을 갖게 된 이후 토지 투자로 큰 수익을 얻은 사례를 직간접적으로 자주 접할 수 있었다.

도시화는 대세
땅값 오를 수밖에

어느 날 지인에게 그의 친척 P씨의 토지 투자에 관한 이야기를 들었다. 회사원이던 P씨는 1986년경 울산의 시 경계선 부근에 있던 임야 2천 평을 10명이 공동 투자하여 지분 200평을 1천만 원에 매입했다. P씨는 원래 토지 투자는 잘 몰랐지만, 부동산 투자 경험이 많은 회사 동료의 권유로 처음 투자했다. 2000년경에 P씨는 집안 사정으로 25년 다닌 회사를 그만두게 되었는데, 어느 날 건설회사 직원이

P씨 집으로 찾아와 소유한 땅을 처분할 의향이 없느냐는 제안을 받았다. 그동안 P씨는 회사와 집안일에 바쁘게 살아 그 땅은 까맣게 잊은 터라 갑작스런 제안으로 고민에 빠졌다.

P씨가 그 토지를 매입한 당시에는 '시가화 예정용지' 즉 향후 도시로 편입이 예정된 토지였고 1990년에 울산시로 편입되었다. 이후 그 토지에 해당 건설사가 아파트를 지으려고 부지 전체의 토지 소유자를 모두 찾아다니며 각각의 필지를 사들이는 과정에서 P씨에게도 매도 제의가 들어온 것이었다. 2000년 당시 그 토지의 시세는 약 3억 원이었는데 P씨는 4억 원에 토지를 건설사에 매도했고, 투자한 지 15년 만에 약 40배의 수익을 올렸다.

P씨는 난생처음 투자한 토지 한 건으로 퇴직금의 수배에 달하는 돈을 벌었다. 이것이 토지 투자의 위력이고 매력이다.

주위에서 퇴사 후 받은 퇴직금으로 인생 2막을 시작하려는 사람의 이야기를 자주 듣는다. 그들 중 대다수는 자영업이나 사업을 시작하지만 안타깝게도 결말이 좋지 않은 경우가 대부분이다. 그만큼 인생 2막의 시작은 만만치가 않다.

직장인은 안정적인 인생 2막을 시작하기 위해서는 P씨의 사례처럼 직장에 다니는 동안 토지 투자에 관심을 가져야 한다.

일반적으로 토지 투자는 '장기 레이스'다. 짧게 3~5년, 길게 10년 이상을 봐야 한다.

장기 투자를 생각하면 경기 침체와 같은 일시적인 재료에 불안해하거나 휘둘릴 필요가 없다. 경기는 결국 다시 회복되고 정상 사이클로 돌아간다.

무엇보다 토지는 부동산 침체기에도 가격이 크게 요동치지 않으며 반대로 부동산 시장이 활황일 때는 주택 가격 상승률을 훨씬 뛰어넘기도 한다.

또 토지는 자가 주택이 있거나 여윳돈을 가진 사람이 투자를 많이 하는데, 이들은 부동산 시장이 침체기일 때 보유하는 전략을 많이 취한다. 부동산 침체기에는 거래 자체가 뜸하지만 지주들의 보유전략 때문에 가격이 크게 하락하지는 않는다.

게다가 정부는 부동산 시장이 침체기에 접어들면 시장의 활성화를 위해 부동산 규제를 완화하거나 경기 부양 차원에서 미루던 대규모 SOC사업을 발주한다.

정부가 발주하는 대규모 개발 사업은 계획 단계에서 완공에 이르기까지 최소 10년 이상의 긴 시간이 필요하다. 그러나 사업의 각 단계가 하나씩 이뤄지면 어김없이 토지 가격은 단계별로 급등한다.

국가나 지자체가 추진하는 개발 사업은 투자 기간이 길다는 단점이 있지만, 그만큼 안전하고 확실한 투자처가 될 수 있다.

나는 2012년 무렵부터 주로 서해안 경제권역을 중심으로 경기·충청지역 역세권 인근 토지나 새만금지역, 현재 건설 중인 제2경부고속도로 인근 지역 등에 꾸준히 투자를 해왔다. 내가 토지 투자를 생각한 계기는 주택과 토지 가격의 오름폭의 차이를 알고부터다. 5억 원짜리 아파트가 수년 안에 10억 원이 되는 일은 일반적으로 쉽지 않다. 사실 아파트 투자에서 가격이 두 배가 오르면 소위 대박 난 투자다.

하지만 토지 투자는 가격이 두 배 상승하는 것이 그리 희귀한 일이 아니다. 토지 투자에서 두 배의 가격 상승이라면 대박이 아닌 소박 정도다.

왜 토지는 다른 부동산에 비해 가격 상승의 빅뱅이 쉽게 일어날까? 앞에서 언급했듯이 토지는 도시화가 진행될 여지가 있을 때 가격이 상승한다. 그런데 새롭게 도시화가 될 곳은 보통 비도시 지역 즉 시골 땅이다.

도시와 시골의 땅값의 차이는 일반적으로 수배에서 수십 배 차이를 보인다. 기준이 되는 도시 규모가 더 클수록 인근 시골과의 땅값 차이는 더 벌어진다.

시골이 어느 날 갑자기 도시가 된다고 상상해보라. 50여 명 살던 곳이 갑자기 50만 명 규모의 도시로 변모한다면, 그 지역의 땅값은 인구 차이만큼 폭발적으로 오른다고 보면 된다.

이에 반해 도시에 사는 거주자는 자신의 동네가 재개발 되고 재건축이 된다고 기존의 인구가 폭발적으로 늘기는 어렵다. 단지 새 아파트가 들어서고 편의 시설이 생기면서 살기가 더 좋아진 게 가장 큰 변화일 뿐이다.

토지와 아파트 투자의 수익률 차이는 여러 요인이 있지만 가장 큰 요인은 인구수 변화 규모의 차이에서 기인한다.

일과 직장은 인생에서 매우 중요하다.

그러나 직장에 다니면서 직장 일 외에 아무 것도 하지 않았다면, 은퇴 후는 퇴직금과 변변치 않은 연금에 의존하는 삶이 기다린다. 은퇴 후 자아실현이 가능한 삶을 꿈꾼다면 지금부터 제2의 퇴직연금을 만드는 노력을 해야 한다.

직장인이 사회 초년생 때부터 토지에 관심을 가지고 꾸준히 투자하면 인생 2막을 훨씬 이른 나이에 시작할 수 있다.

수익률 면에서 최고의 퇴직연금은 바로 토지 투자다. 장기적인 안목을 가지고 미래 가치를 지닌 토지에 투자하면, 은퇴 후의 삶은 희망과 기대로 가득 찰 수 있다.

 POINT

토지 투자의 제1원칙

토지(특히 원형지)에 투자할 경우 환금성을 최우선으로 고려해야 실패를 줄일 수 있다. 불확실한 개발 호재 소문에 가격이 싸다는 이유로 시골 땅을 덥석 매입하면 큰 낭패를 볼 수도 있다. 토지는 매입보다 매도가 관건이다. 추후 자신이 원하는 시기에 매도할 수 있으려면 도심지나 역세권 인근 또는 그 후보지 등과 같이 토지 수요가 확실한 곳을 선택해야 한다.

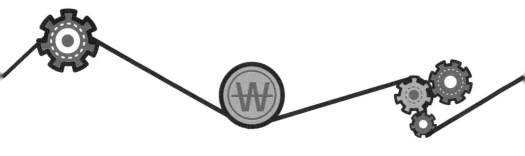

수도권,
서해안 벨트 토지에 투자하라

토지에 처음 투자할 때 가장 큰 고민 중 하나는 '어느 지역에 투자를 할까?'일 것이다. 주위에 토지를 잘 아는 사람도 없고 부동산 중개인의 말만 믿고 투자를 하자니 마음이 놓이지 않는다. 그렇다고 혼자서 전국 방방곡곡을 돌아다니면서 어느 땅이 좋은지 다 조사할 수도 없는 노릇이다.

또 어느 특정 지역의 땅값이 올랐다고 전국의 땅값이 함께 오르는 것도 아니다.

토지 투자의 성공은 정말 복불복인가?

투자가치가 있는 땅은 전국에 흩어져 있다. 전국의 지자체는 각각 크고 작은 개발 계획이 있다. 하지만 모든 개발 계획이 그대로 실현되지 못한다.

국가 예산은 매년 늘지만 나라가 발전하는 만큼 돈 쓸 곳도 많아 정부 예산은 항상 빠듯하고 한정적이다. 그래서 정부의 개발 예산은 국가 차원에서 긴급성을 요하고 균형 발전에 더 중요한 곳에 먼저 투입된다.

서해안 신산업벨트 구축
기초 인프라 건설 집중 투자

우리나라는 무역과 제조업으로 먹고 산다. 따라서 무역하기에 편리한 곳이 집중 개발될 가능성이 높다. 바로 물류비용이 상대적으로 적게 들고 공장 설립 등이 용이한 곳이다.

1960~90년대는 경부고속도로를 물류 축으로 경북 및 동해안, 남해안에 위치한 도시가 집중적으로 개발되었다. 일본, 미국과 교역이 용이한 지역이기 때문이다. 하지만 2000년대를 기점으로 중국이 G2로 부상하면서 자연스레 서해안지역이 역할을 이어받았다.

현재 우리나라의 최대 무역국은 중국이다. 2위인 미국과의 교역량 차이가 거의 두 배에 육박할 정도다.

중국은 2013년 미국을 제치고 세계최대 무역국에 올랐다. '세계의 공장'으로 불릴 만큼 경제성장 속도도 경이롭다. 'Made in China' 제품 없이 전 세계 실물 경제가 돌아가지 않는다는 말이 이제는 우스갯소리가 아니다.

수출중심 국가인 대한민국에게 앞으로 중국의 중요성이 더욱 분명해졌다. 국가 경제의 전체적인 방향과 틀을 알았으니 어느 곳에 토지 투자를 해야 할지 감을 잡았을 것이다. 가장 주목해야 할 곳은 바로 수도권을 아우르는 '서해안 신산업벨트' 지역이다.

정부가 발표한 '국토종합계획'에 따르면 국토 전체의 개발 축은 크게 '서해안 신산업벨트' '동해안 에너지 관광벨트' '남해안 선벨트' '남북교류 접경벨트' 4개로 나뉜다.

서해안 개발 축은 국제 비즈니스 거점 및 환황해 협력체제 조성, 초일류 산업벨트 구축, 글로벌 해양 생태·문화 관광벨트 조성에 초점을 맞춘다.

동해안 개발 축은 국가 에너지의 60%를 담당하는 산업벨트를 근간으로 세계적 수준의 기간산업 및 국제 관광거점으로 개발한다.

남해안 개발 축은 세계적인 해양·관광 지대 조성, 글로벌 물류 및 통합 인프라 조성에 중점을 뒀다.

남북 접경지역 개발 축은 전략적 특화산업보다 생태자원 보전과 녹색관광 육성 등에 방점을 찍었다.

앞서 설명했듯 정부는 앞으로 한국경제를 견인하는 새로운 성장 축으로 '서해안 개발 축'을 꼽고 있다. 중국 동부 경제권과 인도 13억 인구 시장과의 접근성이 좋은 항만이 있기 때문이다. 인천, 당진, 평택, 대산, 새만금 신항 등이 바로 서해안에 위치한 주요 항만이다.

정부는 항만과 내륙을 연결하는 도로와 철도 인프라를 현재 건설 중이다. 충남 홍성에서 당진과 평택을 거쳐 화성까지 이어지는 '서해복선전철'과 파주에서 시작해 서해안을 따라 남해안까지 이어지는 77번 국도의 확장 등이 대표적인 사업이다.

'서해복선전철'은 화성의 송산역에서 안산, 시흥, 광명과 서울을 잇는 '신안산선'과 연결된다. 정부는 '서해안 신산업벨트' 구축을 위한 기초 인프라 건설을 위해 예산을 집중 투자하고 있다.

과거에는 경부고속도로를 따라 발전의 축을 이뤘다. 서울과 수도권을 제외하면 경북과 부산, 경남지역을 축으로 산업과 인프라가 집중되었다. 그러나 이제는 개발의 축이 수도권을 기준으로 서해안으로 이동하고 있다.

투자자는 국가가 역량을 집중하여 우선적으로 개발하는 지역을 투자처로 선별하고, 한 발 빠르게 개발 방향의 흐름을 읽고 전략을 세워야 한다.

투자에 무관심한 사람은 흐름을 잘 감지하지 못한다. 더러는 현지 주민이 자신의 동네나 인근의 개발 정보에 대해 외지인보다 더 무지한 경우도 많다. 변변찮은 시골에 철도와 도로가 들어오면서 땅값이 천정부지로 오르고야 비로소 알게 된다.

화성 평택 당진 서산 새만금
개발 호재 넘쳐 관심 집중

투자자는 정부의 중장기적인 개발 방향과 구체적인 세부 계획 등에 대해 늘 관심을 기울여야 한다.

이러한 계획을 잘 파악하고 있다면 토지 투자의 절반은 이미 성공한 것이다. 혹여 잘못된 정보로 현 상태로는 개발이 어려운 땅을 샀어도 개발 예정 지역에 속하면 결국 땅값이 오르고 땅의 문제점도 함께 해결되는 경우도 있다.

예를 들면 개발이 불가능한 맹지를 샀는데 정부 계획에 의해 지역 전체가 대규모 개발이 되어 자신의 맹지도 개발 가능한 부지에 포함되어 큰 수익을 올리는 일도 있다.

전국 어느 지역이든 크고 작은 개발 계획이 있다. 국토 균형발전 측면에서 서해안 개발 축이 아닌 다른 개발 축도 향후 계속해서 개발되고 발전한다. 충분한 자금이 있으면 경부선 라인을 따르는 투자도 나쁘지 않다.

하지만 경부선 라인은 이미 지가가 높은 곳이 많고, 앞으로 서해안 개발 축에 비해 상대적으로 개발 속도가 더딜 수밖에 없다. 정부가 차세대 산업벨트 1순위로 서해안 개발 축을 꼽고 예산을 우선적으로 쏟기 때문이다.

현재 서해안 개발 축의 대표 지역은 경기권 화성과 평택, 충청권 당진과 서산, 그리고 전북의 새만금 일대다. 이들 지역은 현재도 개발 호재가 넘치고 계획대로 완성이 되는 것을 직접 눈으로 확인할 수 있다.

경기 변동에 따라 등락이 있지만 이 지역의 토지 가격은 매년 꾸준히 상승하는 추세다. 수년 전에 비해 투자 자금이 더 들어가지만, 상대적으로 저평가된 지역이나 급매물 위주의 투자처는 아직도 넘친다.

토지 투자는 '안전한 투자'가 최우선 원칙이다. 가장 안전한 토지는 만에 하나 개발 계획이 취소돼도 처분이 손쉬운 환금성을 갖춘 토지여야 한다. 그런 토지를 찾기 위해서 기본 지식을 갖추고 전문가의 의견에 귀를 기울여야 한다. 토지 가격이 싸다는 이유만으로 또는 개발이 될 것이라는 소문만으로 덜컥 투자하면 평생 그 토지와 운명을 함께 할 수 있다.

토지가 다른 부동산에 비해 투자하기가 까다로운 게 사실이지만 엄청난 학습과 기술이 요구되는 것은 아니다.

토지에 대한 기본 지식과 투자의 방향 그리고 실행하는 용기와 결단력이 있으면 충분하다.

토지 투자를 쇼핑이라고 생각해보자. 상대적으로 많은 돈이 들어가는 쇼핑이고, 일반적으로 고급 승용차 가격보다 훨씬 더 비싼 제품일 가능성이 높다. 옷 한 벌 살 때도 때로는 며칠을 고민한다. 하물며 고가의 토지를 사는데 옷 구매 때보다 훨씬 더 많은 노력을 쏟는 것은 당연한 이치가 아닐까? 게다가 한 번 잘 사면 수천만에서 수억 원을 벌어주는데 말이다.

토지 투자의 방향에 대해 감을 잡았으면 자신만의 투자 전략과 앞으로 행동 계획을 세워 보자.

그리고 토지에 관한 지식이 쌓이면 부동산 중개업소 방문이나 현지답사 등 작은 것부터 하나씩 실행해보자. 행동하지 않으면 아무 일도 일어나지 않는다. 도전하는 자에게 반드시 길이 열리고 기회가 있다.

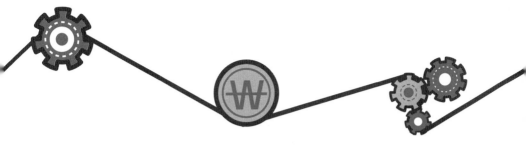

경매보다 급매물을 노려라

언젠가부터 부동산 경매가 곧 부동산 투자라는 공식이 생긴 것 같다. 이것은 주객이 전도된 현상이다.

부동산 경매가 대중화되면서 경매 투자자 중에는 부동산 자체의 투자가치는 외면하고 시세보다 싸게 사는 것에 더 초점을 맞춰 낙찰만 받으면 투자에 성공한 듯 착각하는 경우가 많다.

내가 부동산 경매를 처음 접한 10여 년 전에 비하면 지금은 가히 부동산 경매 열풍이다.

과거에는 소위 꾼들만 취급한 특수물건 즉 법정지상권이나 유치권 같은 사건이 얽혀 투자 리스크는 크지만 해결되면 수익률이 극대화되는 물건만을 다루는 강좌도 많이 생겼다. 경매를 통한 부동산 투자는 이미 대중화 단계를 훨씬 넘었다.

경매를 잘 활용하면 원하는 부동산을 시세보다 싸게 사는 것은 사실이다. 그러나 부동산 경매는 자신의 스킬이 어느 정도 경지에 오르기까지 충분한 학습과 간접 경험이 필요하다. 무엇보다 경매 물건 중 투자가치가 있는 물건을 선별하는 안목이 있어야 경매의 이점을 십분 이용할 수 있다.

경매든 급매물이든
투자 방법을 학습하고 숙지

경매는 단지 부동산을 취득하는 여러 방법 중 하나일 뿐, 경매로 낙찰을 받으면 무조건 돈을 번다는 맹신은 금물이다. 부동산 투자에서 가장 중요한 것은 싸게 사는 게 아니라, 설사 제값을 다 주고 사더라도 미래 가치가 있는 물건을 사야 하는 것이다.

경매 투자는 많은 장점이 있지만, 사전에 인지하고 예측하기 어려운 많은 리스크가 있다. 리스크로 발생하는 게 '경매사고'인데, 입찰 물건에 잠재된 리스크에 대한 사전 분석이 실패했을 때 일어나는 사건, 사고를 이르는 말이다.

예를 들면 세금과 같은 법정 서류에 기재되지 않은 채무액 등을 인지 못하고 입찰가를 산정하여 터무니없이 높은 가격에 낙찰을 받았다던가, 실제로 해결이 불가능한 문제를 오판하고 낙찰 받는 경우 등이 해당 된다.

때로는 경매 전문가를 통해 낙찰을 받아도 사고가 발생한다. 많은 시간과 노력을 들여 입찰 물건을 분석했는데, 낙찰 후 경매 사고로 큰 손실까지 보면 낭패다.

부동산 경매는 낙찰만으로 모든 문제가 해결되고 투자에 성공한 게 아니다. 특히 초보 투자자가 전 재산을 가지고 경매시장에 뛰어드는 것은 매우 위험하다. 부동산 경매로 투자를 시작하려면 경험이 많고 믿을 만한 전문가의 조언을 받아 충분히 간접 경험을 한 후 신중하게 접근해야 한다.

경매 관련 사고는 현장에서 빈번하게 발생한다. 단지 자신이 사고를 직접 겪거나 보거나 들은 적이 없어 잘 알지 못할 뿐이다. 부동산 경매도 명암이 공존한다.

경매의 장점만 보고 뛰어들지 말고 단점도 비교 분석한 후 움직여야 시행착오를 줄일 수 있다.

대부분의 경매 회사는 사고보다 큰 수익을 낸 경우를 주로 이야기한다. 고객을 유치해야 살아남을 수 있는 경매 회사로서는 너무 당연한 일이다.

부동산 경매 자체를 호도하려는 의도는 전혀 없다.

경매는 단지 부동산을 취득하는 하나의 스킬로 배워서 습득이 가능한 기술이다. 특히 부동산 시장의 불황 때 더욱 빛을 발하는 스킬이다. 불황 때는 평소 경매 시장에서 찾아보기 힘든 우량한 물건들도 쏟아지기 때문에 충분한 현금을 가진 경매 투자자에게 절호의 기회가 된다.

처음 부동산 경매를 배우던 시절에는 투자 후보 지역으로 낙점된 곳의 토지들을 경매 사이트에서 열심히 찾아보곤 했다. 하지만 눈에 띄는 매물을 찾기가 너무 어려웠다. 투자 자금에 맞는 물건을 찾으면 대부분 맹지이거나 지분 물건 또는 토지 모양이 예쁘지 않은 물건뿐이었다.

투자가치가 괜찮은 물건의 대부분은 감정가가 수억 원 이상 고가 물건이었다. 한동안 열심히 물건을 찾았지만 1억 미만의 소액으로 괜찮은 토지를 낙찰 받기는 사실상 불가능함을 깨달았다.

어떤 경매 투자 책을 보면 1천만 원으로 토지 경매를 시작해서 지금은 큰 부자가 된 성공 스토리들이 나온다. 하지만 나라면 더이상 힘들게 물건을 찾으러 나서지 않는다.

성공한 케이스도 있지만 사실상 성공 확률이 매우 희박한 특수상황의 일반화라고 볼 수 있다.

나의 전 재산이 1천만 원이라면 경매에 거느니 종잣돈을 더 모아 안전하고 가치가 높은 물건에 투자할 것이다.

부동산은 싸게 사는 것보다
우량물건 빨리 사는 게 핵심

실제로 투자가치가 있는 토지를 경매로 낙찰 받으려면 상당한 투자자금이 필요하다. 부족한 자금은 경락 대출을 활용할 수 있지만, 토지는 환금성이 떨어지고 임대도 쉽지 않아 대출 규모가 커지면 나중에 여러 복잡한 문제가 발생할 수 있다.

투자자금의 부족으로 입찰이 어려우면 공동투자 방법을 활용하는 것도 현명한 해결책이다. 빨리 내 땅을 가지려는 급한 마음에 적은 투자자금으로 미래 가치가 떨어지는 토지를 매입해서는 안 된다. 투자자금이 부족하면 차라리 시간을 갖고 자금의 여력을 키운 후 다음 기회를 도모하는 게 낫다.

요즘처럼 경매가 대중화된 시기에 아파트나 빌라를 경매로 낙찰받는 것은 그다지 추천하고 싶지 않다. 아파트의 경우 수익률이 좋은 물건은 입찰경쟁이 매우 치열하다. 아파트의 투자가치 때문이기도 하지만 다른 경매 물건에 비해 명도처리나 권리분석 등이 까다롭지 않기 때문이다. 그래서 부동산 활황기에는 경매 낙찰가가 급매물이나 일반 매매 시세보다 더 높은 사례도 속출한다.

빌라는 일반적인 갭 투자를 위해 낙찰 받는 경우가 많다. 경락 대출을 활용해 저렴한 가격에 여러 채를 낙찰 받아 단기적으로 임대소득, 장기적으로 시세차익을 노리는 방법이다.

하지만 빌라의 주의할 점은 하자 수리비 같은 관리 비용의 예측이 어렵고 아파트에 비해 환금성이 떨어지는 점이다. 빌라는 시세대비 저렴하게 낙찰 받아도 원하는 시기에 원하는 가격으로 매도가 된다는 보장이 없다.

재개발 등 호재가 없으면 급매가격에 내놓아도 매도가 어려울 수있다. 또한 연식이 오래된 빌라는 하자 수리비용이 더해지면 임대수익률까지 낮아져 소위 애물단지가 될 수 있다.

그러나 빌라 투자도 교통이 편리하고 임대수요가 풍부한 곳에 위치했으면 괜찮은 투자수익을 올릴 수 있다. 중요한 점은 투자가치가 떨어지는 빌라를 감정가 대비 싸게 낙찰 받았다고 성공한 투자가 아니라는 것이다.

경매는 특성상 입찰 전에 매 건마다 권리분석과 현장 임장이라는 절차를 반드시 거친다. 힘들게 세입자를 만나야 하고 직장인은 휴가를 내서 법정에 나가 직접 입찰도 해야 한다. 게다가 패찰이 되면 그동안의 노력과 시간, 비용을 보상받을 수도 없다.

운 좋게 낙찰을 받고 힘들게 명도를 해결해도 특별한 개발 호재가 없는 지역의 물건이라면 부동산 경기에 따라 적정 가격에 매도가 어려울 수 있다.

물건 하나를 낙찰 받기 위해 쏟은 시간과 비용, 그리고 낙찰 후에 벌어질 수 있는 여러 리스크를 고려하면 경매가 과연 효율적인 투자 방법인지 의문이다.

결국 성공 투자를 위해서는 특정한 투자 방법에 매몰되지 말고 물건의 특성과 장단점 그리고 내재된 리스크를 먼저 철저하게 분석하는 것이 가장 중요하다.

다시 강조하지만, 부동산 투자에서 싸게 사는 것보다 더 중요한 점은 미래 가치가 있는 좋은 물건을 사는 것이다.

투자하려는 지역에 확실한 개발 호재가 있으면 그 지역의 매물은 경매시장에 나오기 어렵다. 설사 경매에 나와도 사건이 곧 취하되거나 낙찰된 경우에도 낙찰가와 시세가 거의 차이가 없다. 오히려 입찰자들이 경쟁적으로 참여해 시세보다 더 높은 가격에 낙찰을 받는 경우가 허다하다.

투자가치가 확실한 물건이라면 경매에 시간을 허비하기보다 급매물이나 현재 시세로 취득하는 것이 훨씬 낫다.

부동산 투자의 핵심은 물건을 싸게 사는 것이 아니라 공급이 한정된 우량 물건을 신속하게 선점하는 것이다.

투자 방법은 최종 목적을 달성하는 도구다. 사용할 도구의 선택은 투자 시기와 상황에 따라 융통성을 가지고 접근해야 한다.

우량 물건을 급매물로 잡으려면 먼저 현지 부동산 중개인과 신뢰를 쌓는 것이 중요하다. 중개인도 한 번 거래하고 마는 손님보다 서로 믿고 장기적으로 거래할 고객을 선호한다. 첫 거래로 중개인과 좋은 관계를 맺고 서로 신뢰를 쌓으면 우량 급매물을 소개받을 수 있다.

부동산 투자의 방법은 다양하다.

경매는 분명 부동산을 싸게 취득할 수 있는 유용한 투자 스킬이다. 특히 부동산 경기 침체 때는 최고의 투자 방법으로 손색없다. 그러나 부동산을 싸게 산다는 개념은 물건이 우량하고 미래 가치가 확실하다는 전제가 있어야 한다.

경매든 급매물이든 어떤 투자 방법이 최선인지는 결국 투자자가 시기와 상황에 맞게 판단해야 한다. 부동산 투자는 많은 다양한 변수가 존재하고 변수가 꼭 과거와 같은 흐름으로 흘러가지 않기 때문이다.

따라서 성공 투자자가 되기 위해서는 다양한 투자 방법을 학습하고 숙지해, 언제 어디서나 적시에 활용할 수 있는 실력을 키워야 한다.

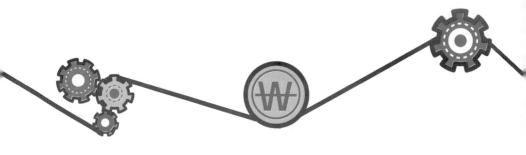

토지의 운명,
용도지역이 결정한다

　부동산하면 사람들 대부분은 토지보다 아파트나 상가를 먼저 떠올린다. 그리고 누가 부동산 투자로 돈을 벌면 땅을 몇 평 가졌는지보다 집이 몇 채인지, 상가를 소유했는지 등에 먼저 관심을 가진다.

　아직도 일반인은 토지 투자에 대해 생소하거나 다소 어렵게 생각한다. 토지 투자는 왠지 큰돈이 있어야하고, 범접하기 어려운 요소가 많다고 느낀다.

　또한 주위에서 '땅을 잘못 사서 팔리지도 않아요'라는 부정적인 이야기를 들으면, 토지 투자는 어렵다는 선입견이 더 굳어진다. 토지 투자에 대한 일반인의 생각은 대체로 이러하다.

　나 역시 토지에 직접 투자를 하기 전에는 보통 사람과 비슷한 생각을 했다. 하지만 토지를 깊게 알고부터 생각보다 토지 투자가 어렵지 않았고 투자 경험이 점차 쌓이면서, 물건의 하자까지 꼼꼼히 체크해야 하는 주택 투자가 오히려 더 번거롭게 느껴졌다.

토지 투자자 중 관련 규제와 법을 모두 알고 투자하는 사람은 거의 없다. 실제 다 외울 수 없고 모두 안다고 해도 이론과 실제 현상은 완전히 다르기 때문이다.

토지 투자를 위해 꼭 알아야 할 것은 반드시 숙지하되 그 외에 모르는 용어나 법령은 상황에 따라 전문가나 해당 지자체에 문의하거나 인터넷을 찾아보면 된다.

필수적인 이론 지식을 갖췄으면 나머지는 현장에서 부딪히면서 배우는 자세로 시작하면 된다. 현장 지식은 힘들게 외우지 않아도 저절로 숙지가 되고 또 몸으로 배운 지식이 결국 자신의 지혜로 남는다.

이번 장은 토지 투자자라면 꼭 알고 있어야 할 용도지역, 용도지구, 용도구역의 개념을 중심으로 이야기할 것이다. 이론을 깊게 파고들고자 하면 끝도 없지만, 기본 개념을 숙지하고 현장 경험을 쌓으면 복잡하게 보이는 개념들이 결국 현장을 쉽게 기술하기 위한 도구일 뿐이라는 것을 알게 된다. 부동산이 어렵다고 느껴지는 건 보통 법적 용어들 때문인데 법이 만들어진 체계부터 접근하면 좀더 쉽게 이해할 수 있다.

법은 크게 사법私法과 공법公法으로 나눈다.

사법은 개인 간, 공법은 개인과 국가 간 또는 국가기관 간의 관계를 다루는 법이다.

부동산 관련법 역시 사법과 공법으로 나눈다.

부동산 거래할 때 계약서를 쓰고 계약금이 오가는 것은 사법의 하나인 민법에 준하고, 해당 토지에 건물을 몇 층이나 지을 지, 어떤 종류의 건물을 세울 지 등의 사항은 부동산 관련 공법에 준한다.

토지 투자자가 알아야 할 기본 지식은 주로 공법 사항이다. 가장 중요한 것은 토지의 용도인데 크게 '용도지역' '용도지구' '용도구역' 세 가지로 구분하여 관리한다. 용어가 생긴 배경과 목적을 알면 명확하게 이해가 된다.

토지 투자의 성공은…
'시가화 예정용지'

사람이 토지를 소유하려는 목적은 무엇일까? 물리적으로 보면 토지 위에 집이나 필요한 건물을 짓는 것이다.

사람들이 자신의 사유지라는 이유로 아무 건물이나 마구 지으면 어떻게 될까? 아마도 국토 전체는 무질서해 질 것이다. 이런 폐단을 미리 막기 위해 국가는 국토 전체의 토지마다 '용도지역'이라는 옷을 하나씩 입혀 놓았다. 이 옷은 한 번 입혀지면 웬만해서 바뀌지 않는다. '용도지역'은 해당 토지 위에 지을 건축물의 용도, 건폐율_{전체 토지 면적 중 건축물을 지을 수 있는 최대 면적}, 높이 등을 미리 제한해 놓은 규칙이다. 대한민국에 있는 토지라면 무조건 어떤 한 종류의 '용도지역'이 지정되어 있다고 보면 된다.

옷의 종류가 다양하듯이 '용도지역' 역시 세분화 된다. 크게 대분류, 소분류로 나누어서 생각하면 쉽다.

먼저 대분류는 크게 '도시지역'과 '비도시지역'으로 구분한다.

중분류로 가면 '도시지역'은 다시 '주거지역' '상업지역' '공업지역' '녹지지역'으로 나뉘며, '비도시지역'은 '관리지역' '농림지역' '자연환경보전지역'으로 나뉜다.

가장 낮은 소분류로 '관리지역'은 다시 '보전관리지역' '생산관리지역' '계획관리지역'으로 나뉜다.

'도시지역'의 '주거·상업·공업·녹지지역'은 건축의 용적률과 건폐율을 기준으로 다시 나눈다. 분류 항목에 대한 상세한 설명은 뒤에서 다시 언급하겠다. 여기서는 기본 분류 체계만 이해하고 넘어가자.

'용도지구'는 '용도지역'을 보조하는 역할을 한다. 예를 들면 국가가 어떤 지역을 신도시로 개발할 때, 토지에 지정된 '용도지역' 규제가 신도시 개발에 전반적으로 맞지 않고 비효율적이라고 판단되는 경우도 있다.

하지만 비효율적인 정도가 기존의 '용도지역'을 다른 것으로 바꿀 정도의 수준은 아닌 경우 '용도지구'로 따로 지정한다.

즉 '용도지역'은 그대로 두고 '용도지구'라는 제도로 기존의 건축 기준을 제한하거나 완화하는 것이다. '용도지구'는 '용도지역'과 달리 복수로 상호 중복 지정이 가능하다.

'용도지구'의 종류는 '경관지구' '고도지구' '방화지구' '보호지구' '취락지구' '개발진흥지구' '특정용도제한지구' '복합용도지구' 등이 있다.

'용도구역' 역시 '용도지역'과 '용도지구'를 보조하여 행위 제한을 강화하거나 완화하는 역할을 한다. 하지만 '용도구역'의 실질적인 역할은 대체로 기존의 가능한 행위를 제한하는 쪽에 가깝다.

'용도구역'은 크게 4가지로 나뉜다.

대도시 주변에 개발을 유보하기 위한 토지로써 소위 그린벨트라고 불리는 '개발제한구역', 도시 외곽에 장래 개발 필요성이 있을 때 일정기간을 설정하여 개발을 제한하는 '시가화 조정구역', 일명 바닷가의 그린벨트라 불리는 '수자원 보호구역', 도시지역 내 자연 환경이 양호한 산지를 보호하기 위한 '도시자연 공원구역'으로 나뉜다.

'용도구역'은 '용도지역'과 마찬가지로 상호 중복지정은 불가하고 하나의 구역만 지정이 가능하다.

이상 용도지역과 용도지구, 용도구역에 대한 기본적인 내용을 간략히 살펴보았다.

하지만 가장 중요한 것은 투자자 관점에서 어떻게 활용하느냐가 중요하다.

일반적으로 토지 가격이 크게 상승하는 것은 '용도지역'이 변경되는 경우다. 용도지역이 바뀌면 보통 건축 규제가 완화되면서 토지의 가치가 크게 올라가기 때문이다.

예를 들면 '비도시지역'이 '도시지역'으로 바뀌거나 도시지역 내의 '녹지지역'이 '주거지역'으로 또는 비도시지역 내의 '농림지역'이 '계획관리지역'으로 바뀌는 경우다.

투자자는 미래에 용도지역이 변경될 곳을 예측하고 선제적으로 투자하면 큰 수익을 올릴 수 있다.

'도시지역' 내 '녹지지역'은 '생산녹지지역' '보전녹지지역' '자연녹지지역'으로 나누는데, 이 중 '자연녹지지역'은 도시의 확장을 방지하고 장래 도시용지의 공급을 위해 보전이 필요한 지역이다. 즉 언젠가는 '주거지역' '상업지역' '공업지역' 중 하나로 편입이 예상되는 후보 지역이라는 뜻이다. 그러므로 녹지지역 중에서 '자연녹지지역'이 가장 투자가치가 높다고 볼 수 있다.

'비도시지역'인 '관리지역'은 '생산관리지역' '보전관리지역' '계획관리지역'으로 각각 나누는데, 이 중 '계획관리지역'은 향후 도시가 확장될 경우 '도시지역'으로 편입이 예상되는 1순위 지역이다.

'계획관리지역'은 건폐율과 용적률의 기준에서 '도시지역'인 '녹지지역'보다 더 완화된 기준을 적용받기 때문에 토지 활용 측면에서 투자자에게 매우 인기가 높다.

'관리지역'을 지정한 본래의 목적은 '도시지역'과 '농림지역' 및 '자연환경보전지역' 사이의 완충 지대를 만들기 위해서다.

이 중 '계획관리지역'은 '도시지역'으로 지정하기에는 모호하지만 '도시지역'의 인구 및 산업의 수요를 충당하기 위해 '도시지역'에 준하여 체계적인 관리가 필요한 지역이다.

이와 비슷한 방식으로 '생산관리지역'은 '농림지역'에, '보전관리지역'은 '자연환경보전지역'에 준하여 체계적인 관리가 필요한 지역을 말한다.

종합해 보면 '관리지역' 중 왜 유독 '계획관리지역'이 투자가 유망한지 알 수 있다.

각각 토지별 '용도지역'에 관한 내용은 어디서 확인이 가능할까?

바로 '토지이용계획 확인원' 서류로 토지이용규제 정보서비스http://luris.molit.go.kr/ 사이트를 통해 언제든지 확인이 가능하다.

'토지이용계획 확인원'에는 각 필지에 지정된 '용도지역' '용도지구' '용도구역' 및 관련 법령들을 지적도와 함께 확인할 수 있다. 이 서류 하나만 제대로 해석하면 공법상 내용은 대부분 확인이 끝난다. 물론 실제 현장에서 재확인은 필수다.

토지 투자의 성공은 앞으로 도시가 될 땅을 미리 선점하느냐에 달렸다.

다행인 것은 조금만 노력을 기울이면 향후 도시화가 될 가능성이 높은 토지를 찾을 수 있다는 점이다.

도시화가 될 예정인 토지를 통칭해서 '시가화 예정용지'라고 부른다. '시가화 예정용지'는 각 지자체 홈페이지에서 '도시기본계획'을 확인해 보면 대략적인 내용을 알 수 있다.

이제는 정보가 없어서, 정보가 부족해서 토지 투자를 못하는 시대는 끝났다.

토지 투자에 대한 막연한 두려움을 버리고 투자 정보를 찾으면 곧 토지를 보는 눈이 떠지고 자신감도 생긴다. 그러나 가장 먼저 필요한 것은 오직 의지와 실행력이다.

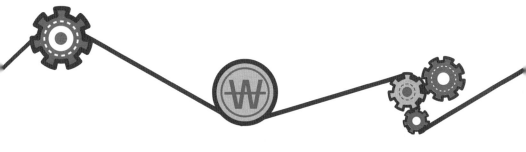

기획부동산을 역이용하라

"○○역세권 토지, 2~3천만 원대 소액투자 가능, 상업지역 부지 분양!"

"2~3천만 원대 특급 토지 분양! 매물 부족으로 마지막 ○○분만 모십니다."

"그린벨트 풀린 후에는 꿈도 못 꾸는 지역, 서두르셔야! 평당 3만 원대 분양!"

아마도 이와 비슷한 토지 분양 광고를 신문이나 인터넷 또는 거리의 현수막 광고를 통해 접해본 적이 있을 것이다.

또 모르는 번호로 온 전화를 받았더니 소액으로 투자할 괜찮은 토지가 있으니 세미나에 참석해보라는 권유를 받은 적이 있을 것이다. 부동산업에 종사하거나 투자 경험이 있는 사람은 이것이 '기획부동산'임을 바로 알지만, 일반 사람은 그들의 실체를 잘 모르고 피해를 당하는 경우가 심심치 않게 발생한다.

사실 기획부동산 자체는 불법도 아니고 나쁜 곳도 아니다. 기획부동산의 개념은 출처를 정확히 찾을 수 없지만, 통상 개인이 아닌 기업 형태로 부동산 상품을 기획하고 판매하는 조직을 뜻한다.

우리나라 최초의 기획부동산은 아마도 'LH공사'^{한국토지주택공사}라고 볼 수 있다. 개발될 인근 야산을 헐값에 사서 구획을 나눈 뒤 개별 필지로 분양하는 방식은 LH공사가 처음 시작한 방법이다.

기획부동산은 대체로 토지를 매매하는 회사로써 상법상 합법적인 법인이다. 토지를 개발한 후 분할하여 일반인에게 분양하는 것은 합법이다.

문제는 실제로 투자가치가 전혀 없는 토지를 가치가 있다고 광고한 후 분양했을 때다. 광고나 그들의 말에 속아 투자가치가 없는 토지를 분양받은 피해자들이 현실적으로 그 피해를 입증하기란 사실상 어렵다.

법률적으로 볼 때 매수 당사자가 미성년자, 금치산자 등 법률 행위에 제약이 있는 자가 아닌 사람이 법적 하자가 없는 부동산을 거래할 경우, 법률은 거래 전에 매수자는 등기부등본과 토지이용계획확인원 정도는 이미 확인했음을 전제로 사건을 해석한다. 때문에 피해자가 소송을 제기해도 법원은 매도자에게만 일방적으로 책임을 묻지 않는다.

이렇듯 뻔한 수법을 쓰는 기획부동산에 왜 많은 사람이 피해를 당하는지 이해가 안 된다는 사람도 있다.

하지만 기획부동산은 갈수록 형태와 수법이 진화하고 있다. 요즘은 외관상으로 경매 회사 타이틀을 사용하거나 종합건설사로 위장해 손님을 끌어 모은다. 일반인이 정직하게 사업하는 기획부동산과 구분하기란 쉽지 않다.

기획부동산은 국가나 지자체가 수립한 확실한 개발 계획과 재료가 있는 지역을 찾은 후 그 인근의 개발 가능성이 희박하거나 거래가 어려운 큰 규모의 땅을 헐값에 사들인다. 그리고 그 땅이 개발지역에 포함되었다거나 개발이 가능하다는 식의 허위 광고로 고객을 유치한 후 땅을 쪼개어 시가의 최소 두 배 이상으로 되파는 수법을 쓴다. 이것이 기획부동산의 전형적인 영업 방법이다.

요즘은 당당하게 기획부동산임을 밝히고 영업을 하는 곳도 생겼다. 즉 '정상적인 기획부동산'인 척하는 방식을 구사한다. 자기들은 비싼 임대료를 내고 강남에서 10년 이상 같은 자리에서 성업 중인데 만약 기존의 고객이 손해를 보았다면 어떻게 버티겠냐면서 사람들을 설득한다.

기획부동산은 어떤 방법으로 사람들을 설득하여 계약을 성사시킬까? 고객을 유치하는 전형적인 방법을 스토리 형식으로 간략하게 풀어 보았다.

❶ 인터넷사이트 광고를 보고 오거나, 전화로 권유를 받은 고객을 강남에 위치한 사무실로 초청해 세미나를 개최한다. 점심과 음료를 제공하고 극진히 모신다.

❷토지 관련 책을 쓴 저자나 토지 투자 경험이 많다는 실장 직함의 사람이 세미나의 강사를 맡아 강의를 진행한다. 강의는 해당 물건지 근처의 호재를 주로 선전하는 내용이다. 강의를 계속 들으면 앞으로 그 지역은 틀림없이 상전벽해가 일어날 지역이라고 확신이 생긴다.

근거자료로써 정부나 지자체의 개발 계획 자료를 보여주고 화려한 색상을 덧입힌 상세 개발 구역의 지도도 보여준다. 하지만 이런 개발 구역 표시된 지도는 창작품일 가능성이 높다. 정부나 지자체는 투기를 막기 위해 계획 수립 단계에서 상세한 구역을 표시한 지도를 공개하지 않는다.

경매회사 종합건설회사 위장
호시탐탐 소액투자자 유혹

❸고객에게 개발 계획이 확실하다는 믿음을 심어주었으면, 토지에 투자하기 위해 투자금의 10%를 선입금하도록 유도한다. 그리고 고객에게 토지 지번의 공유가 가능하고 구체적인 브리핑을 한다고 말한다. 특히 2~3천만 원의 소액 투자자금으로 10배 이상의 수익을 올리는 토지를 잡을 기회는 지금뿐이라며 수차례 강조한다. 그리고 이미 계약을 한 사람들의 두툼한 계약서 뭉치를 보여준다. 강사인 실장은 자기 가족뿐 아니라 일가친척도 모두 한 필지씩 다 계약을 했다고 설명한다. 남편이나 부인 몰래 계약을 하는 것을 망설이는 고객에게는 나중에 땅값이 오르면 남편이나 부인에게 오히려 칭찬을 받기 때문에

걱정할 필요가 없다는 말도 덧붙인다. 끝으로 남은 물건이 몇 개 없으니 계약을 서두르라며 브리핑을 마무리한다.

고객들은 곰곰이 생각한 끝에 2~3천만 원 정도면 큰 부담도 없고 당장 이 돈 없다고 큰일 날 일도 없으니 많은 사람이 바로 계약을 결정한다. 계약서에 날인한 고객은 드디어 꿈에 그리던 땅 주인이 된다.

❹ 행복에 젖은 고객은 이제 땅 주인으로서 당당하게 자기 땅의 현장답사를 마치고 잔금을 치른다. 그 후 지분 등기 권리증을 받고 대한민국의 땅을 소유한 지주 대열에 입성한다.

❺ 세미나만 들은 후 계약을 하지 않고 귀가한 고객에게 담당 실장이 따로 배정 되어 극진한 사후 케어를 받는다. 매주 고객에게 전화를 걸어 이런 기회를 놓쳐서 안 된다고 조언을 하고 투자금은 언제쯤 마련하는지 집요하게 물어본다. 정말 고객이 여의치 않다면 대출까지 알아봐 줄 수 있다며, 최고의 친절과 배려를 베푼다. 그리고 곧 물건이 거의 다 소진된다는 사탕발림의 말은 물론 필수다.

이상의 이야기는 실제 현장에서 내가 직접 겪은 경험을 바탕으로 희화화해 표현했다.

토지 투자에 대해 처음 관심을 갖던 시절, 나는 이야기로만 들은 기획부동산이 어떤 곳인지 호기심이 생겼다. 그래서 강남에 있는 몇몇 기획부동산이 개최하는 세미나에 참석했다.

세미나 진행자는 일반 부동산 사무실에서 접할 수 없는 도로나 인터체인지의 위치, 상세 설계도면 같은 자료들을 근거로 제시하며 경기도지역의 개발 계획을 설명했는데 상당히 신빙성이 있고 사실에 근거한 정보라는 인상을 받았다.

하지만 알다시피 세미나에서 개발에 관련된 상세 자료들은 고객에게 정보력을 과시하고 신뢰를 얻기 위한 치밀한 전략 중 하나다.

기획부동산을 직접 체험하면서 느낀 점은 부동산을 잘 모르거나 투자 경험이 전혀 없는 사람이라면 매매 계약서에 사인을 하지 않고 빠져나오기 쉽지 않다는 것이다. 그만큼 그들의 영업력은 가히 프로 수준이다.

얼마 전 제2, 제3 판교 테크노 밸리가 들어설 예정인 경기도 성남시 금토동 인근 토지가 언론에 많이 부각된 적이 있다. 현재 그곳은 대부분 개발제한구역으로 묶였는데도 토지가격이 급등하고 있다. 그런데 그곳에도 이미 기획부동산이 들어와 개발 가능성이 별로 없거나 아예 불가능한 인근 야산을 사들여 일반인에게 되팔고 있다.

언론 기사에 따르면 한 필지에 무려 3천 명 이상의 지분권자가 있는 토지도 있다. 안타깝지만 이런 토지를 매수한 사람은 평생 그 땅과 운명을 같이 해야 할 가능성이 매우 높다.

토지 투자를 하면서 새롭게 알게 된 사실은 적은 돈으로 토지를 살 수 있다는 한 가지 생각만으로 투자를 결심하는 사람이 실제로 엄청나게 많다는 것이다. 이것이 바로 토지시장에서 악덕 기획부동산이 계속 성업하는 가장 큰 이유다.

토지에 대한 기본 지식도 없이 토지 투자 하는 것은 눈을 감고 길을 걷는 것과 같다. 토지는 아는 만큼 보이는 부동산이다. 자신이 토지에 대해 아직 잘 모를 때는 투자를 보류하거나 다른 투자 방법을 찾아야 한다.

사람들이 기획부동산에게 당하는 근본적인 이유는 사람들 내면에 무지와 탐욕이 존재하기 때문이다. 적을 알고 나를 알면 백전백승이라고 했다.

세상에 공짜가 없듯이 득세할 것처럼 보이던 편법도 결국 모두 들통 나는 것이 세상의 이치다. 부디 독자들은 공짜처럼 느껴지는 어떠한 편법에 현혹되지 않는 현명한 투자자가 되기를 바란다.

POINT

계획관리지역

계획관리지역은 비도시지역이지만 개발 호재가 현실화되면 도시지역으로의 편입이 가장 유력한 곳이다. 특히 일반주거지역으로 바뀌는 경향이 높다. 우리가 토지 투자 시 계획관리지역을 주목해야 하는 이유가 바로 이 때문이다.

당신도
부동산 투자로
부의 선을
넘어라

PART 5 당신도 부동산 투자로 부의 선을 넘어라

이제 돈 되는 부동산 투자가 답이다

　작가 한정주의 저서《사기 인문학》을 보면, 사마천은 서민이 부자가 되는 비결에 대해 연구한 내용을 〈화식열전〉편에서 언급하고 있다. 사마천은 '부자가 되는 데는 정해진 직업이 없고, 재물에는 정해진 주인이 없다. 부자가 된 사람은 반드시 남과 다른 기이한 방법을 사용했다'라고 역설했다.

　사마천은 약 2천 년 전 사람이다. 당시에도 지금처럼 부자가 된 사람에 대한 연구는 늘 있은 것으로 보인다. 사마천은 부자가 된 사람의 생각과 행동은 일반 사람과 분명 다르다는 것을 강조했다. 근·현대 자수성가한 부자의 면면을 살펴보면 사마천의 주장은 시대를 초월하여 여전히 유효하다.

인간은 누구나 자유로운 삶을 원한다. 하지만 인생을 살다 보면 자유로운 일상보다 자유를 구속하는 장애물을 마주치는 날들이 더 많다. 이러한 장애물을 해결하기 위해서는 늘 돈 문제가 따라 붙는다. 혹자는 '인생의 90%는 결국 돈 문제'라고 이야기한다. 나 역시 이 말에 어느 정도 동의한다.

어릴 적부터 부모님이 '공부 열심히 하라, 좋은 학교에 가라, 좋은 직장에 취직해라'고 하는 말도 역시 자식이 커서 돈을 많이 벌어 편안하게 살기 위해서다.

'너는 재물에 뜻을 품지 말고, 오직 학문에만 힘써 남을 돕고 나라를 구해야 한다'라는 사명을 자식에게 부여하는 부모님은 과연 얼마나 될까? 인간이 사는 동안 돈을 버는 문제는 결국 가장 기초적이고 중요한 문제다.

돈 문제로 고민하지 않는 부자가 되는 방법은 무엇일까? 아니 지금보다 돈에 대해 적게 고민하면서 사는 방법은 무엇일까?

부동산 투자에 답이 있다
최소 두세 배 이상 올랐다

사업가는 사업에 성공하면 돈을 기하급수로 벌어 큰돈을 모을 수 있다. 하지만 일반 직장인은 부모로부터 상속이나 투자 외에 큰돈을 버는 뾰족한 방법이 사실상 별로 없다.

그렇다고 무모하게 직장을 그만두고 사업체를 만들거나 자영업에 뛰어들 수도 없다.

하지만 인생은 선택의 연속이다. 철저한 준비와 용기를 가지고 사업에 뛰어드는 것이 만용은 아니다.

사람은 타고 난 능력과 에너지의 수준이 저마다 달라, 남에게 힘든 일이 본인은 즐거워서 성공할 가능성이 희박한데도 보란 듯이 성공하는 사람도 있다.

그러나 급변하는 현대 사회는 경쟁이 치열해 어떤 사업도 변화에 빠르게 대응하지 못하면 이룬 성공도 지속하는 게 쉽지 않다.

문제 해결은 부동산 투자에 답이 있다.

일정한 수입이 보장되지 않는 사람일수록 미래의 보험이 될 부동산 자산을 반드시 보유해야 한다. 미래 가치를 지닌 부동산 자산은 경기 불황에 따른 사업 리스크를 줄이고, 사업 실패 때 재기의 발판을 마련해 줄 수 있다.

처음 회사에 입사했을 때, 나는 홍대입구 근처의 낡은 다가구 주택에 전세로 살았다. 그 후 계약기간 2년이 거의 만료가 되어 이사 가려고 집을 알아보던 중, 집주인이 사업상 문제로 보증금을 당장 돌려줄 수 없다고 했다.

나는 어쩔 수 없이 1년간 그 집에 더 머물 수밖에 없었다. 다행히 보증금은 무사히 돌려받았지만, 집주인이 왜 세입자 보증금을 가지고 다른 곳에 쓰는 게 의문이었다.

집주인은 다가구 전체에서 나오는 보증금을 활용해 다른 부동산에 재투자를 하고 있었는데, 최근에 그쪽 세입자의 보증금을 돌려주게 되어 내 보증금을 기한에 맞게 돌려줄 수 없었던 것이다. 당시 투자에 대해 무지했던 나는 그 정도 규모의 집주인이라면 늘 현금을 많이 가지고 있을 것이라고 생각했다.

이처럼 부동산 자산은 직접적 월세 수익이나 전세나 담보 대출의 레버리지를 활용해 재투자가 가능할 뿐 아니라, 인플레이션을 상쇄하고도 남을 실질적인 시세차익 효과까지 누릴 수 있다.

홍대 입구에 살았던 때로부터 16년이 지난 지금 현재 그 일대 다가구 주택의 시세는 그때보다 최소 두세 배 이상 올랐다.

부동산 투자의 이점은 다양한데 소유해야만 하는 가장 근본적인 이유는 인플레이션 상쇄 효과 때문이다. 자본주의에서 가장 큰 문제는 바로 인플레이션이다. 돈의 양과 신용대출이 지금 이 순간에도 계속 늘고 있다.

인플레이션으로부터 내 돈을 지키는 방법은 금이나 부동산과 같은 희소가치를 지닌 실물 자산을 보유하는 방법뿐이다.

사회 초년 때 종잣돈 축적
미래의 부자가 되는 지름길

2017년경부터 한동안 가상화폐 투자 열풍이 불었다. 당시 '비트코인' '이더리움' 등을 중심으로 '가즈아' '존버' 등의 신조어까지 만들어 낼 정도로 사회적인 이슈가 되었다.

가상화폐의 시세는 2018년 초 큰 폭으로 상승했다가 2019년 초에는 다시 바닥까지 급락했다. 2019년 중반 이후에 다소 회복 조짐이 있었지만 여전히 고점을 회복하지 못하다가 2020년 하반기에 다시 서서히 상승하고 있는 추세다. 주위 직장 동료 중에는 비트코인에 투자하는 사람이 꽤 있다. 하지만 큰 수익을 냈다는 이야기는 들어보지 못했다.

가상화폐가 미래사회에 어떤 변화와 변혁을 가져올지 지금은 아무도 정확히 알 수 없지만, 아직까지 전문가조차 그 실체를 파악할 수 없어 일종의 '데이터' 개념으로 보는 게 가장 현명한 판단이다.

실체가 불분명한데도 가상화폐 투자에 나서는 것은 사실상 도박이다.

인터넷에서 기사를 보면, 8년간 모은 전 재산 1억 원을 투자해서 겨우 2천만 원만 건진 직장인부터 가진 돈을 몽땅 잃고 대출을 받아서 다시 도전하는 사람 이야기까지 다양하다.

가상화폐에 대한 나의 견해가 틀릴 수 있다. 하지만 단 한 가지 분명한 사실은 어떤 전문가도 가상화폐의 미래에 대해 확실히 장담을 할 수 없다는 것이다.

이제는 제발 환상에서 벗어나자. 지식과 배움 없이 요령과 꼼수를 부려서 될 일이 세상에 얼마나 있을까?

요령과 꼼수가 한 번은 통할지 몰라도 결국 언젠가는 자기 꾀에 자기가 넘어가는 것이 세상의 이치다.

피 같은 돈을 도박판에 낭비하고 싶은가? 아니면 시간이 흐르면 저절로 자산가치가 올라가는 상품에 투자하고 싶은가?

투기가 아닌 진짜 투자를 하려면 한 방을 노리는 '도박 근성'부터 먼저 버려야 한다. 그리고 적은 돈도 허투루 낭비하지 말고 종잣돈을 키우는 데 힘써야 한다. 종잣돈으로 부동산 자산에 투자하여 자산 규모를 조금씩 키워야 한다.

사회 초년생은 종잣돈을 모으려면 많은 인내심이 필요하다. 직장의 연차가 쌓이면 주위 친구나 직장 동료들 중 '외제차를 샀다' '골프를 시작했다' '취미에 아낌없이 투자한다' 등 화려한 소비를 자랑하는 소위 YOLO You Only Live Once 족들이 하나둘씩 생긴다.

회사에 처음 입사하면 월급을 받는 게 신기하고 그동안 만져보지 못한 금액이 통장에 쌓이면 이런저런 소비의 유혹을 이기기가 쉽지 않다. 하지만 이 시기에 종잣돈을 열심히 모은 사람과 그렇지 않은 사람의 10년, 20년 후 부의 격차는 하늘과 땅만큼 벌어진다. 즉 사회생활 초기에 얼마나 착실히 종잣돈을 모았는지 여부가 미래를 결정할 가능성이 높다.

부자가 되고 싶으면 사마천의 말처럼 남들과는 다르게 생각하고, 행동해야 한다.

부동산 투자를 할 수 있느냐 못하느냐, 부자가 되느냐 마느냐는 순전히 마음 자세에 달렸다. '남과 다르게' 근검절약으로 돈을 모으고, 그 돈으로 미래 가치가 있는 부동산에 투자해야 한다. 즉 자기만의 확고한 경제관념이 필요하다.

오늘부터 사마천의 말을 다시금 되새겨 부자가 되기 위한 투자의 첫 발을 힘차게 내딛자.

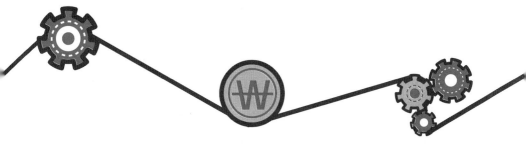

부동산 투자,
지금 당장 시작해야 한다

인터넷 사이트의 기사나 언론 뉴스에는 집값과 전국 땅값의 소식이 심심찮게 나온다. 특히 서울이나 수도권, 대도시의 집값을 보면 한마디로 눈이 휘둥그레질 정도다.

내 집 마련을 못한 사람이나 세입자는 언제쯤 집값이 내려가고 안정되는지 늘 관심을 가지고 걱정을 한다. 이들은 집값을 잡지 못하는 정부가 원망스럽고 한편으로 이미 내 집 마련을 한 사람이 부럽다.

그렇다면 과거에는 집값이 쌌을까?

앞 장에서 잠시 언급했듯이 1980년대 후반 강남 아파트 30평형의 시세는 약 1억 원 정도였다. 당시 시세가 약 2천만 원선이던 지방 중소도시의 고급 아파트와 약 4~5배 정도 차이가 났다.

30여 년이 지난 지금 비슷한 평형의 강남 아파트가 평균 15억 원을 넘었고 지방도시의 신규 아파트 시세는 3~4억 원 남짓임을 감안하면 돈의 액수와 단위가 커졌을 뿐 가격 차이의 비율을 거의 동일하다.

집값은 과거에도 비쌌고 지금도 비싸다. 분명한 점은 미래에는 지금보다 더 비쌀 것이라는 사실이다.

1980년대는 국가 경제가 급속도로 발전했다. 노동자의 임금인상률은 당시의 물가상승률 초과했고, 은행 이자율도 높아 저축만으로 충분히 내 집 마련이 가능한 시절이었다.

하지만 지금은 임금인상률이 물가인상률을 따라가지 못하고 은행 이자율도 물가인상률보다 낮다. 게다가 생활수준은 높아져 자동차는 필수재가 되었고, 아이의 사교육비 또한 엄청 돈이 든다. 일자리 얻고 가정을 꾸리지만 돈을 모으는 것은 대부분의 사람에게 더 힘든 현실이 됐다.

어떻게 돌파구를 찾아야 할까?

부동산 투자를 하려는 직장인은 지금도 늦지 않았다는 생각을 가지는 것이 중요하다.

집값은 늘 비쌌고 물가는 늘 올라간다. 올라가지 않는 것은 내 월급뿐이다. 결국 투자는 지금 시작하는 것이 가장 빠른 것이고 좌고우면하면서 세월을 보내는 게 가장 큰 리스크다. 아무것도 하지 않으면 가진 돈은 저절로 줄어들고 사라진다. 은행의 적금은 돈이 쪼그라드는 시간을 조금 늦춰줄 뿐이다.

투자는 이제 선택이 아니라 필수다.

수천억 원의 자산을 보유한 기업가이자 작가인 김승호 씨는 저서 《알면서도 알지 못하는 것들》에서 다음과 같이 이야기한다.

"역설적으로 돈을 벌기 좋은 시절은 언제나 지금이다. 생각은 경기보다 우선한다. 호경기는 돈 벌기 가장 좋은 시기다. 생각을 바꾸면 불경기 역시 돈 벌기 좋은 때다. 우리는 늘 순풍을 기다리지만 인생이든 사업이든 방향이 정해지지 않으면 순풍이 무슨 쓸모가 있으랴."

김승호 씨는 돈을 버는데 때와 경기는 크게 의미가 없다고 주장한다. 생각이 경기보다 우선한다는 그의 말처럼, 중요한 것은 그 때에 어떤 투자 방법을 선택하느냐가 문제다.

종잣돈의 규모가 어느 정도 목표치에 도달했으면, 부동산 투자를 일단 그냥 시작해야 한다. 종잣돈 수억 원을 모은 후에 투자를 시작하겠다고 생각하면 너무 늦다. 그 사이에 부동산 가격은 모은 종잣돈의 액수를 또 다시 넘을 가능성이 높다.

종잣돈의 규모가 투자를 하기에 너무 작다면 일단 부동산 공부부터 시작하자.

부동산을 보는 안목은 하루아침에 생기지 않는다. 평소에 꾸준히 공부했을 때 서서히 생겨난다. 투자 경험을 직접 할 수 없다면 스터디나 동호회 모임 등에 참석해서 타인의 사례를 공부하고 간접체험하는 방법을 추천한다.

본인의 투자 내공과 지식수준이 올라가면 자연스레 종잣돈을 모으려는 동기부여가 더 강해지고 스스로 근검절약과 효율적인 소비 패턴이 몸에 밴다. 이처럼 부동산 투자는 무분별한 소비를 억제하는 효과와 함께 '강제 적금'의 효과도 있다.

대출을 레버리지 삼아 집을 사면 매월 은행 이자를 낸다. 월급 일부를 레버리지 비용으로 지불하면서 사실상 내 집에 대해 장기 적금을 넣는 셈이다. 국가 경제에 큰 이변이 없는 한 몇 년이 지나면 집값은 물가인상률 이상으로 많이 오르기 때문이다.

그렇다면 집값이 다시 떨어지지 않느냐는 질문을 할 수 있겠다.

"할 수 있었는데, 할 뻔 했는데, 해야 했는데" 하다 기회 잃는다

집값이 떨어졌다고 더이상 살 집이 필요 없는 것은 아니다. 실거주자라면 집값의 등락과 상관없이 주거의 안정이 주는 심리적 안정감과 편안함은 엄청난 혜택이다. 집을 단순히 투자 수단으로만 볼 것이 아니라는 뜻이다.

장기적으로 집값은 우상향한다. 인플레이션의 역사가 집값 상승을 증명한다. 부동산의 큰 장점 중 하나는 일시적인 시세에 일희일비할 필요가 없는 점이다. 부동산은 삶에 꼭 필요한 필수재이기 때문에 시세가 일시적으로 하락했으면, 가격이 다시 정상화될 때까지 임대하거나 사용하면 된다.

가장 중요한 것은 너무 이래저래 따지지 말고 일단 투자를 시작하는 것이다.

《지금 당장 시작하라》의 저자이자 방송인인 베리 파버 Barry Farber 는 인생에서 어떤 일을 계획할 때 80%만 준비되면 일단 실천의 첫 단계에 돌입하라고 역설했다.

모든 일에서 완벽하게 준비된 상태는 없다. 일을 추진하는 데 약간 미숙하지만 일단 시작하는 것이 가장 중요하다는 점을 강조한다. 만약 두 번 실수를 했으면 두 가지의 소중한 경험과 정보를 얻은 것이라고 이야기한다.

베리 파버의 주장처럼 어떠한 일을 하려면 일단 시작해야 한다. 그리고 일단 시작했으면 벌어지는 상황을 최대한 긍정적으로 받아들이고 실패도 이기겠다는 마음 자세를 가져야 한다.

부동산 투자는 희망과 기대감뿐 아니라 두려움도 따른다. 투자자금이 커 큰돈을 잃거나 돈이 묶일 두려움이 대표적이다.

하지만 일단 투자를 시작하면 할 수 있다는 자신감도 생긴다. 부동산 투자는 일반적으로 장기간이 소요되는 실물 자산 투자이기 때문에 여타 무형 자산의 투자에 비해 상대적으로 매우 안정적이다. 즉 긴 호흡을 가지고 하는 투자인 만큼 시간이 가고 투자 경험이 쌓이게 되면 과거에 막연했던 두려움은 자연히 사라지게 된다.

부동산 투자의 시작은 빠르면 빠를수록 좋다. 왜냐하면 장기 투자라는 특성 때문이다. 물론 경매로 단기 매매차익을 노리는 투자 방법도 있다.

그러나 일반적인 부동산 투자에서 어느 정도 괜찮은 수익을 얻으려면 곡식처럼 무르익는 시간이 반드시 필요하다. 주식의 경우는 매매가 쉽고 거래 수수료가 상대적으로 적기 때문에 단기 투자도 가능하다. 하지만 부동산은 거래 비용도 크고 거래 과정도 복잡하다. 게다가 양도소득세 등의 세금 규제로 인해 단기 투자에 의한 수익 실현이 쉽지 않다.

부동산 투자로 높은 수익을 얻으려면 최소 수 년에서 길게 10년 이상 보유한다는 생각으로 투자해야 한다. 장기적인 보유 기간을 고려해서 더 이른 나이에 투자를 시작하면 그만큼 더 남보다 시간을 벌게 되는 것이다.

20대, 30대, 40대가 가진 1천만 원의 가치는 모두 다르다. 20대에 가진 1천만 원과 30대의 1천만 원은 10년이라는 기간만큼의 가치 차이가 있다. 마찬가지로 20대의 1천만 원은 40대가 가진 1천만 원보다 20년이라는 시간의 가치만큼 더 크다.

현재의 1천만 원을 연평균 물가인상률을 2%로 잡았을 경우, 20년 후의 미래가치는 1천486만 원이다. 역사적으로 부동산의 가격 상승률은 물가인상률을 훨씬 웃돌았다. 만약 대출을 활용해서 1천만 원을 부동산 자산에 투자하면 20년 후 돈의 가치는 1천486만 원과는 비교가 안 될 만큼 훨씬 클 것이다.

부동산 투자는 지금 당장 시작해야 한다.

당장 투자 물건을 찾으러 현장으로 가라는 의미가 아니다. 시간을 벌어야 한다는 의미다. 돈보다 더 소중한 것은 시간이다. 부를 이루려는 목적은 사는 동안 건강한 몸과 마음으로 행복을 누리기 위해서다.

30년, 50년 후에 갑자기 큰 부자가 되는 것보다 젊은 나이에 작은 부를 이루는 것이 훨씬 현명하고 이롭다. 또 그렇게 이룬 작은 부는 미래의 큰 부를 향한 디딤돌 역할을 해준다.

성공한 투자자가 되려면 반드시 시간의 소중함을 기억해야 한다. 시간은 돈보다 더 소중하다. 그리고 다시 돌이킬 수도 없다. 그래서 부동산 투자는 가능하면 빨리 시작해야 한다.

루이스 E. 분이 말한 아래의 명언을 기억하고 되새겨 보자.

서글픈 인생은 세 마디로 요약된다. "할 수 있었는데, 할 뻔 했는데, 해야 했는데."

POINT

인구와 부동산

우리나라의 인구는 저출산과 고령화로 인해 자연적 증가는 줄어들 것이 확실시 되지만, 인구가 도시로 몰려드는 사회적 증가 현상은 점점 더 심화될 것이다. 결국 시간이 갈수록 도심지의 부동산 가격은 점점 더 상승하지만 도심과 떨어진 외곽지역은 점차 하락할 가능성이 높다.

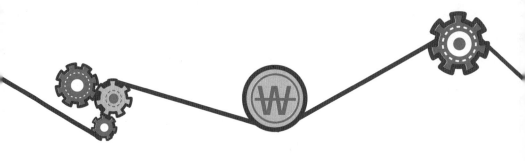

부동산 투자 없이
행복한 노후는 없다

우리나라의 '노인 빈곤율'은 OECD 국가 중 1위다. 2018년도 기준 45.7%로, 2위인 멕시코의 26.5%에 비해 압도적인 1위다. 우리나라 인구 중 65세 이상 연령을 기준으로 절반 정도는 빈곤층이라는 뜻이다.

노인 자살률 또한 1위다. OECD 국가의 평균은 인구 10만 명당 연간 18명인데, 우리나라는 무려 6배인 120명이다.

그러나 우리나라 국민의 기대수명은 매년 조금씩 늘고 있다. 2019년 기준 여성은 85.7세, 남자는 79.7세이다. 노년층의 빈곤율은 세계 최고인데 기대수명은 점점 늘고 있다.

대한민국은 왜 소득수준이 낮은 멕시코에 비해서 노인층의 빈곤이 심각한 걸까? 아마도 부모, 자식 관계의 유교적 전통에 기인하는 부분이 크다.

지금 60~70대인 부모세대는 젊은 시절, 자식들 뒷바라지하느라 자신의 노후대책에는 신경 쓸 겨를 없이 살았다. '맹모삼천지교孟母三遷之敎'라는 가치 아래 집과 땅을 팔아서라도 자식 교육시키는 게 당연했고, 자식은 보통 부모의 지원으로 대학을 졸업하고 취업을 한다. 결혼을 한 후에도 부모의 도움을 받는 경우도 많다.

하지만 자식은 취업을 하고 가정도 이루었지만 소비 수준의 증가로 맞벌이로도 자산 증식이 쉽지 않은 환경에서 부모를 봉양하기는커녕 피해만 끼치지 않아도 다행인 게 요즘 현실이다.

뿌리 깊은 유교 문화로 부모들 대부분은 정작 자신의 일신은 챙기지 못하고 가난한 노후를 맞이하게 되었다. 안타까운 것은 수십 년 세월이 흘렀지만 이런 세태는 크게 바뀌지 않았다. 자녀 교육을 중요하게 여기는 사고방식은 자식에게 그대로 전해져 부모가 된 자식도 역시 전통을 이어간다.

이제는 부의 양극화까지 더해져 교육에서도 '부익부 빈익빈富益富貧益貧' 현상이 나타나고 있다.

우리나라 교육열은 가히 세계 최고다. 사교육비에 들어가는 가계의 비용 부담이 크다. 사회적 비용 측면에서도 엄청난 국가적 손실이다. 만약 중고교 자녀가 둘이 있는 가정은 사교육비로 월 평균 100~200만 원의 지출은 보통 수준이다.

부모에게 부의 대물림을 받지 않은 이상, 현재의 대한민국 같은 교육환경에서 스스로 자신의 노후를 대비하기란 사실상 매우 힘든

게 현실이다.

현실을 깨닫고 미래를 대비하기 위해서 젊은 시절부터 투자 마인드를 갖추어야 한다. 그리고 노후를 대비한 부동산 자산을 구축하기 위해 힘써야 한다.

현재 미혼이거나 결혼 후 아직 자녀가 없으면 지금이 바로 종잣돈을 모으고 부동산에 투자할 적기라고 생각하자. 자녀가 있는 집보다 상대적으로 지출이 적고 투자에 집중할 여력이 많기 때문이다. 최대한 소비를 줄이고 종잣돈을 불리면 작은 투자부터 시작할수 있다.

만약 부동산 투자 준비를 전혀 안했으면 이미 빈곤한 노후의 빨간불이 켜 있다고 봐야 한다.

부동산 투자 시작이
노후 준비의 시작이다

정부는 국민의 노후보장을 위해 국민연금 제도를 만들었다. 매달 월급에서 차감되어 세금처럼 빠져나가 체감이 잘 안되지만 국가라는 은행에 노후 대비 적금을 매월 불입하는 셈이다. 국민연금의 납입 요율은 월 소득의 총 9%다. 하지만 상한액과 하한액이 정해져서 무조건 일괄 9%를 적용하는 것은 아니다. 직장인은 이 중 반을 사업주가 부담한다.

OECD 보고서에 따르면 지금까지 지난 20년간 9% 요율로 묶은 국민연금 보험료율을 그대로 둔다면, 2044년에 적자로 돌아서고

2060년에는 기금이 고갈된다.

또 제도 개선의 적절한 시기를 놓치면 보험료율이 20%를 넘을수 있다고 지적했다. 따라서 관련 기관의 연구는 기금 운영 제도를 개선하고 적자가 안 나려면 지금의 요율 9%에서 최소 15%까지 올려야 한다고 밝혔다.

2017년 기준 연금수급자가 받은 평균 연금액은 매월 약 52만 원으로 국민연금연구원이 산출한 최소 노후 생활비 104만 원의 절반 수준에 불과하다. 문제는 연금 수급액이 앞으로 더 낮아질 수 있다는 점이다.

점차 가속화되는 인구절벽으로 국민연금의 납입금 부족과 노인 인구 급증으로 미래에 우리가 받을 국민연금의 액수는 점점 더 줄어드는 게 거의 확실하다.

내는 돈은 더 증가하고 받는 돈은 더 감소한다는 뜻이다. 게다가 실질적 인플레이션까지 고려하면 지금 정부가 산정한 미래의 수령 액수 자체가 무의미한 숫자일 수 있다.

오르지 않는 월급과 불투명한 직장생활의 미래, 엄청난 사교육비와 높아진 소비수준에 따른 지출 증가, 넣은 돈보다 더 적게 받을지도 모르는 국민연금 등 노후 대비를 생각하고 주위를 둘러보면 온통 사면초가四面楚歌 상태다. 어떻게 노후를 준비하나 생각하면 막막하다.

그러나 지금부터 시작하면 된다. 모든 것은 생각의 전환에서 시작한다. 지금 처한 상황에서 해결 가능하다는 긍정적인 마음가짐으로 시작해야 한다.

주위 사람과 재테크와 관련한 대화를 나누면 부동산 관련 이야기가 자연스럽게 나온다. 왜 부동산 투자를 하지 않느냐고 물으면 대부분 집값이 너무 비싼데다 현재 돈이 별로 없다고 말한다. 그런데 이들의 공통점은 대부분 부동산 투자에 대해서 진지하게 공부를 해 본 적이 거의 없다는 사실이다. 이들은 집값이 오르면 집을 영영 못 살까봐 걱정하고, 집값이 내리면 더 떨어질 거라고 생각해 결국 집을 사지 못한다.

가진 돈의 액수가 적어서 집을 살 수 없고, 부자가 되지 못할 것이라는 생각을 버리자. 지금 가진 종잣돈이 1천만 원뿐이라면 1천만 원으로 투자가 가능한 곳을 우선 찾아야 한다.

책을 보고 전문가를 찾아서 상황과 처지를 알리고 좋은 투자처를 함께 찾으면 된다.

사람은 스스로 한정하는 만큼 성장하게 되어있다. 그것이 세상의 원리이고 법칙이다. 혹자는 집값, 땅값이 천정부지로 올라서 언제 어느 세월에 월급으로 부자가 되겠냐며 한탄을 한다.

부동산 시장이든 주식시장이든 싼 것과 비싼 것은 늘 존재했다. 처지와 형편에 맞는 것을 잘 골라서 작은 수익부터 하나씩 실현하는 마음가짐이 필요하다. 한 번에 성공하고 싶은 욕망 때문에 자신의 처지를 비관한다. 사람은 늘 남과 비교하고, 한 번에 큰 것을 얻고 싶어 한다. 자신의 욕심이 오히려 투자 의지를 꺾고 옥죄고 있는 것을 인식 못한다.

대부분의 사람은 주위 사람이 부동산 투자로 돈을 벌면, 그들은 운이 좋았다고 생각한다. 그리고 자신이 아직 부자가 안 된 것은 운이 안 따라왔고 언젠가 자신도 운 좋게 부자가 될 수도 있다는 막연한 꿈만 꾼다.

이제 자신의 평소 생각과 내면을 한 번 들여다보자. 남은 운이 좋아서 돈을 벌었다고 생각하기 때문에 자신 역시 운만을 기다리는 것 아닌지 또는 처한 상황을 바꾸고 부자가 되는 방법을 찾기보다 지금껏 처지만 비관하는 것 아닌지 돌이켜보자.

지금껏 운이 없다고 합리화하는 가장 쉬운 방법은 부모님 탓, 정부 탓, 더 가진 자들 탓뿐이다.

부동산 투자에 성공하고 싶으면 오늘부터 즉시 생각의 방식을 바꿔야 한다.

문제의 근본 원인은 자신의 처지와 가진 돈의 액수가 아니라 투자에 대한 마음 자세다. 생각이 바뀌면 주위의 모든 것이 기회로 보이기 시작한다.

인간의 평균수명이 점점 늘고 있는 지금, 직장인은 정년퇴직 후 적어도 30년 이상 더 살 것으로 예측된다. 이제는 은퇴 이후의 제2의 생계수단을 마련해야 한다.

부동산 투자를 시작하는 순간이 바로 노후 준비의 시작점이다. 남과 비교하는 마음을 버리고 지금부터 준비해도 늦지 않다. 자신의 처지와 여건에 맞는 투자부터 지금 바로 시작해 보자.

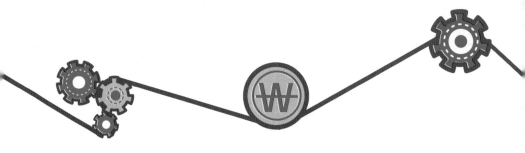

부동산 공부가
진짜 살아있는 공부다

　인간에게는 순수한 학문적 욕구와 호기심이 존재한다. 우주와 자연 현상, 사회 현상 등에 관한 진리를 탐구하려는 욕망은 인간의 본능에 가깝다.

　교육은 이처럼 진리를 추구하는 인간의 이상적인 목표를 위해 만들어졌지만 실제로 우리가 학교에서 배우는 대부분의 지식들은 직업 선택을 위해 필요한 것들이다. 물론 사회에 나가 일자리를 얻기 위한 전공 학문의 기초학습은 필수다.

　그러나 학교를 마치고 세상에 나오면 돈, 경제 문제가 얼마나 중대한 일인지 깨닫는데 오랜 시간이 걸리지 않는다. 좋아서 선택했던 전공과 인생을 걸고 택한 직업이 오직 수입으로만 우열이 가리는 슬픈 일이 벌어진다.

이런 사실을 깨달으면 가끔 억울하기도 하고 앞으로 평생을 어떻게 살아야할지 막막해진다.

현실을 위해 돈이 되는 전공을 찾아 다시 학교에 가겠다는 결정도 쉽지 않다. 등록금이나 생활비 문제도 있지만, 또래들이 사회생활로 돈을 버는 시간만큼의 기회비용이 들기 때문이다.

그러나 다행인 점은 경제적 자유를 누리기 위해 굳이 다시 학교로 돌아갈 필요가 없다는 사실이다. 지금 일을 하거나 직장에 다니면서 투자에 관한 공부를 병행하면 된다.

세상은 돈이라는 재화로 모든 것이 돌아간다. 만물이 그렇듯 돈역시 어떤 이치와 법칙을 가지고 세상을 순환한다. 돈은 사람들이 가장 선호하는 재화와 시간이 가도 불변하는 재화에 많이 몰린다. 전자는 기업과 자영업자가 생산하는 상품이 해당되고, 후자는 금, 보석 등 같은 귀금속이 해당되지만 가장 대표적인 것이 바로 부동산이다.

기업가나 자영업자가 아니라면 부를 이루기 위해서 반드시 부동산에 관심을 가져야 하는 이유다. 돈을 벌기 위한 공부는 수학, 과학이 아니라 '돈'과 돈에 의해 사회구조가 형성되는 '자본주의'에 대한 공부다. 자본이 흘러가는 시스템을 공부해야 자본을 취하고 경제적 자유를 누릴 수 있다.

나는 부동산 투자를 공부하기 위해서 독서를 가장 많이 활용했다. 공부를 처음 시작한 때는 부동산에 대해 아는 것이 별로 없어 무작정 재테크 강의를 듣는 것조차 망설여졌다. 하지만 투자 공부를 해야겠다는 간절한 마음에 일단 부동산 관련 책 몇 권을 사서 읽었다. 처음에는 용어 자체가 생소해서 인터넷과 관련 서적을 참고해도 이해하는 데, 많은 시간이 걸렸지만 인내심을 가지고 다양한 책을 계속 읽어 나가는 과정에서 부동산과 투자에 대해 서서히 감을 잡을 수 있었다.

그 후 부동산 경매나 투자 강의를 들으며 실제 여러 투자 사례를 접한 뒤 투자에 대한 막연한 두려움이 조금씩 사라지고 나도 할 수 있다는 용기가 샘솟았다.

부동산 투자를 시작하려는 사람은 먼저 책과 강의를 통해 투자에 대한 감을 잡기를 권한다.

스스로 투자에 대한 감과 통찰력을 기르지 않으면, 언젠가는 잘못된 투자로 큰 낭패를 볼 가능성이 높다.

부동산 중개인의 말만 들으면 소개하는 물건 중 투자가치가 없는 물건은 단 하나도 없다. 그들이 정직하지 않아서가 아니라 중개인은 매수자와 매도자의 입장 모두를 고려하여 중개가 이루어지도록 하는 것이 그들의 일이기 때문이다.

결국 투자 물건의 미래 가치와 효용성은 반드시 본인이 판단해야 한다. 전문가와 중개인의 판단은 오로지 참고사항일 뿐이다.

그러나 투자를 결정하기 전에 전문가나 중개인의 말을 경청하고 조언을 구하는 일은 매우 중요하다. 자신의 판단에서 놓치는 부분과 오판하는 부분, 최근에 업데이트된 정보 등 그들의 정보력을 활용해야 하기 때문이다. 또한 투자 물건에 대해 조언을 의뢰하더라도 조언 받은 내용에 대해서 본인이 시시비비是是非非를 판단할 능력을 어느 정도 갖추어야 한다.

책과 강의로 투자 감 잡고
부동산 외에 두루 관심 가져야

부동산은 '국지성'과 '개별성'의 특성 때문에 전문가도 전국 모든 지역의 투자 물건을 잘 아는 것은 불가능하다. 자신이 부동산 모든 영역에서 전문가라고 말하는 사람은 오히려 당신을 기만할 가능성이 높다.

부동산 투자는 종합적인 학문에 가깝다. 국가의 법과 제도뿐 아니라 매매하는 사람의 심리와 욕구 등을 아우르기 때문이다. 따라서 투자에 관한 통찰력을 갖추기 위해 평소에 부동산 외에 정치, 경제, 사회, 시사 등 다양한 영역에 늘 관심을 가져야 한다.

직장생활을 하다 보면, 오직 회사 일에만 관심을 갖는 사람이 있다. 하루의 모든 신경이 오직 업무에 있고, 차를 마실 때, 회식할 때도 주로 업무 이야기다. 그래서 그들의 대다수는 업무에서 프로로 인정받는다. 그들은 회사가 원하는 인재상이다. 업무 외에 관심을 끊고 오직 회사의 발전과 이익에 이바지하는 사람이기 때문이다. 심지어 건강도 돌보지 않고 일에 매진하며 주말 출근까지 마다하지 않는다.

그들은 비록 직장에 열심히 다니지만, 아직도 학생의 마음 자세로 직장생활을 하고 있다고 볼 수 있다. 직장에서 이들이 느끼는 스트레스와 두려움은, 학교 성적이 좋지 않으면 주위에서 인정을 받지 못 받고 낙제생이 될지도 모른다는 두려움과 비슷하다. 사실상 학교생활의 연장선에 있는 것이다.

자신의 직업뿐 아니라 무엇인가에 혼신의 힘을 쏟는 것은 미덕이고 칭찬받을 일이다. 돈이면 모든 게 다 되는 것처럼 느끼는 세상에 살지만, 사실 인생에서 어떤 것을 더 중요한 가치로 인정하느냐는 사람마다 다르다. 사람은 각자 '인생철학'이 있기 때문이다. 다만 가정과 건강을 돌보지 못할 정도로 여유가 없이 사는 모습은 무언가 결핍되었거나 문제가 있는 삶이다.

투자를 하는 목적은 퇴사나 은퇴 후의 삶에 대한 보험을 들고, 좀 더 여유롭게 직업과 직장 일에 전념하기 위해서다. 오직 하나의 일에 전념하는 사람은 미래를 대비한 보험을 드는 데 써야 할 에너지마저 한 곳에 써버리게 된다. 이들은 나중에 지나간 시간에 대해 후회와 푸념을 할 가능성이 높다.

이제 미래를 준비하고 진짜 삶에 필요한 공부를 해야 한다. 지금껏 학교에서 배운 공부는 자기 시간을 레버리지로 활용하여 사업주에게 잘 고용되는 방법을 가르쳐준 공부였다.

지금부터는 자본이 돌아가는 시스템을 공부하고, 자본이 몰리는 곳에 투자하는 방법을 배워야 한다. 그래서 자기 시간을 레버리지로 활용해야 한다.

학교 공부를 열심히 한다고 반드시 돈을 많이 벌거나 성공하는 것은 아니다. 주위의 친구와 지인을 봐도 학벌과 학교 성적은 부를 이루는 데 큰 상관관계가 없어 보인다. 오히려 공부에 소질이 없지만 뚜렷한 목표의식을 가지고 자신의 사업 영역을 개척했거나 자신만의 재테크 방법을 터득하고 실천한 사람이 부를 이루었다.

부동산 투자 공부는 거짓말을 하지 않는다. 열심히 공부한 만큼 반드시 열매로 되돌아 올 것이다. 이제 남은 생애를 풍요롭게 살기 위해서 진짜 공부에 시간과 노력을 투자해야 한다. 가장 소중한 것은 돈보다 지금 순간순간의 시간이다. 부동산 공부는 본인과 가족에게 삶의 풍요로움과 여유로운 시간을 줄 확실한 보증수표가 될 것이다.

 POINT

도시기본계획

도기기본계획은 국토종합계획 및 광역도시계획 등 상위 계획의 내용을 기반으로 각 시·군이 지향해야 할 미래상과 장기적인 발전 방향을 제시하는 정책 계획이다. 이 도시기본계획은 해당 시·군의 미래 발전상을 가늠해 볼 수 있는 가장 확실한 자료이기 때문에 투자자들이 반드시 관심을 가지고 눈여겨봐야 한다.

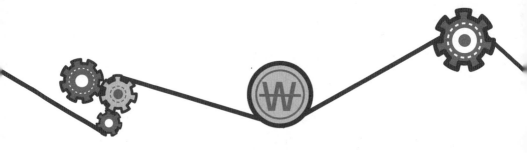

경제적 자유로 가는
시스템을 만들어라

20세기를 대표하는 사업가이자 투자가인 워런 버핏은 자본주의 세상에서 살고 있는 우리들에게 다음과 같은 말을 했다.

"잠자는 동안에도 돈이 들어오는 방법을 찾지 못한다면, 당신은 죽을 때까지 일을 해야만 할 것이다."

그는 비즈니스를 통해 지속적으로 자본을 만들어 내거나, 자신이 자본을 만드는 자산이나 시스템을 구축하지 않으면 평생 동안 노동으로 돈을 벌어야 하는 점을 역설하고 있다. 다소 서글픈 이야기지만 뼈저리게 와 닿는 말이다.

즉 자본주의 시스템을 모르면 미래의 삶이 고되고 힘들게 될 수 있다는 것을 예견해 준다.

일반적으로 투자는 주식과 금융상품, 부동산, 가상화폐 투자 정도로 정리된다. 이 중에 워런 버핏이 말하는 잠자는 동안에도 돈이 들어오는 투자법은 무엇일까?

정답은 '모두 가능하다'이다.

다만 장기적으로 지속적인 가치 상승을 확신할 투자라면 부동산 외에는 다른 것을 언급하기 쉽지 않다. 물론 주식과 금융상품, 가상화폐 등을 통해 지속적으로 돈을 번 사람은 분명히 있다. 하지만 이 상품들은 급격한 변동성 리스크로 치명적인 손실을 입을 가능성이 부동산에 비해 훨씬 크다.

특히 주식이나 가상화폐 투자는 오늘 수익이 100%여도 당장 팔아서 이익이 실현되지 않으면, 내일의 수익은 어떻게 변할지 장담할 수 없다.

주식 투자의 경우 변동성 리스크를 해소하면서 안정적인 수입을 창출하려면 투자처를 다양하게 포트폴리오 구성하는 것이 현명한 방법이다.

이런 방식은 투자자금의 규모가 큰 기관투자자가 주로 활용한다. 하지만 자금이 소규모인 직장인에게는 그다지 실익이 없고 결국 수년간의 시간만 낭비한다.

종합해 보면 직장인이 주식이나 금융상품, 가상화폐 등에 투자해서 지속적인 수익을 올리기에 잠재된 리스크가 너무 크다는 사실을 알 수 있다.

결국 지속적이고 장기적인 수익을 주는 투자는 부동산뿐이라는 것이 나의 소견이다. 특히 사회 초년생은 주식이나 비트코인 등에 투자하지 말고 우선 종잣돈을 모으는 데 힘써야 한다. 이들이 어설프게 주식, 비트코인 등에 투자했다가 그나마 가진 종잣돈마저 날리는 경우를 많이 봤다.

종잣돈을 모으면서 부동산 투자 공부를 병행하면 첫 투자의 시기가 더 앞당겨진다.

또 직장을 다니면서 공인중개사 등 부동산 관련 자격증 시험에 도전하는 것도 좋다. 합격하면 좋겠지만 떨어져도 결코 시간 낭비는 아니다. 학습 시간을 통해 부동산 지식과 투자의 내공이 분명 업그레이드가 되기 때문이다.

부동산은 우리의 삶과 대부분 연결되어 있다. 부동산 공부는 부동산을 매개로 우리 사회의 정치, 경제, 문화 등을 전반적으로 이해하는 것과 같다. 그래서 '부동산학'은 '종합응용과학'이라고 일컫는다. 결국 부동산 투자를 비롯해 돈을 버는 것은 먼저 인간의 삶을 알고 이해해야 가능하다.

부동산 투자와 이론을 전반적으로 이해했으면 실전은 어떻게 임해야 성공할까?

부동산 투자는 자본의 규모와 시간이라는 자양분을 먹고 자란다. 부모나 누군가의 경제적 도움 없이 홀로 서야 하는 사람일수록 치열하게 종잣돈을 모으고 되도록 빨리 부동산 투자를 시작해야 한다. 씨앗을 일찍 심을수록 자산이라는 나무에 열매 맺는 시기가 앞당겨진다.

점점 커지는 '눈덩이 효과' 부동산 투자에서 가능

종잣돈의 규모가 자신이 생각하는 목표에 도달했으면 레버리지를 활용해 소형 주택 투자부터 시작해보자. 그 후 실서주할 내 집 마련과 수익형 물건, 토지 투자 등으로 영역을 확대하면 된다. 부동산 투자 방법은 무궁무진하다. 수익이 나지 않는다고 기피하는 영역에서 성공을 한 사람도 많다. 다양한 사례를 통해 자신과 잘 맞는 투자 방법을 찾아야 한다.

예를 들어 토지는 주택에 비해 환금성이 떨어지고 직접 개발방식의 투자가 아니면 장기적인 투자가 일반적이다. 그렇기에 목표 수익의 실현까지 긴 기간이 소요되는 점 등이 자신의 투자 성향과 맞지 않는 때는 월세 수입과 시세차익을 함께 노릴 수 있는 수익형 부동산을 위주로 투자하면 된다.

반대로 여유자금이 충분하거나 수익형 부동산의 임차인 관리나 건물 관리 등에 신경을 많이 쓰는 게 자신의 성향과 잘 맞지 않으면 토지 투자가 더 적합할 수 있다.

투자 방법의 선택은 우선 부동산의 여러 분야를 충분히 공부한 후, 투자자금의 규모와 성향 등에 맞는 것을 선택하면 된다. 스스로 판단이 어려우면 전문가의 조언을 받아보는 것도 좋다.

부동산은 종류별로 장단점이 있다. 시간이 흐르고 시국이 바뀌면 장점이 단점이 되고 또 그 반대가 되기도 한다. 그래서 투자자는 리스크 분석에 냉철한 시각을 유지하면서 유연해야 한다.

나는 주택보다 토지 투자에 더 큰 매력을 느꼈다.

토지는 호재가 확실한 지역에 투자하면 투자 이후에 크게 신경 쓸 필요가 별로 없는 게 장점이다. 확실한 호재를 품은 토지는 시간이 흐르면 자연스레 수익을 가져다준다. 처분해야 할 특별한 상황이 아니면 그냥 묻어두면 된다.

토지 가격은 꾸준히 상승하지 않고 호재가 눈앞에 실현되기 시작했을 때 단계적으로 급격히 상승하는 경향이 있다. 토지 투자는 이와 같은 토지 가격 상승의 패턴을 이해하고 여유를 가지고 기다리는 것이 중요하다. 직장인의 경우 퇴직할 무렵 토지를 처분해서 적당한 수익형 물건을 매입하거나, 해당 토지에 직접 수익형 건물을 건축할 수도 있다. 이것은 장기적으로 일정한 수입을 담보하므로 직장인에게는 더할 나위 없이 안정적인 투자 방식이다.

참고로 수년 전 투자한 서해권의 평택과 당진, 안성 인근의 토지는 계획된 호재가 아직 가시화되지 않은 상황임에도 가격은 꾸준히 상승하고 있다. 최종적으로 호재가 현실화될 무렵에는 상당한 수익이 있을 것으로 기대하고 있다.

전월세 레버리지를 활용한 소형 주택 투자자는 교통의 편의성과 건물 자체의 노후도, 단지 규모 등을 중점적으로 고려해야 한다. 대부분의 갭 투자자는 투자 물건의 개수를 늘리기 위해 매매가와 전세가의 차이가 적은 물건을 공격적으로 투자한다. 하지만 투자 물건의 개수를 늘리는 것보다 부동산 불황기에도 전세가가 하락하지 않는 수요가 풍부한 지역의 물건을 선별하는 것이 더 중요하다.

레버리지를 활용한 주택 투자는 역전세난이나 매매가 하락 등의 리스크에 항상 대비해야 한다. 탐욕이 야기한 무리한 투자는 결국엔 파국을 맞이한다는 것을 반드시 기억하기 바란다. 투자만 하면 무조건 성공할 수 있다는 전문가나 중개인의 말을 맹신하지 말고 자신이 감당할 수 있는 레버리지의 수준을 먼저 판단한 뒤 신중하게 투자해야 한다.

미래의 경제적 자유와 풍요로운 삶을 담보하기 위해서 지금부터 담보물을 하나씩 만들어야 한다. 담보물 중 가장 안전하고 확실한 것이 부동산 자산이다. 현금 수익이 생기면 부자와 기업이 부동산 자산을 구입하고 보유하는 이유가 바로 이 때문이다.

의료기술이 발달하고 평균수명이 늘면서 퇴직 후의 삶은 생각보다 길어졌다. 직장을 다니는 동안 미래의 현금 흐름을 창출하는 부동산 자산을 반드시 확보해야 한다. 부동산의 자산 가치는 단기적으로 파동을 그리며 등락을 거듭하지만, 장기적으로는 반드시 증가한다. 따라서 레버리지를 활용할 여력이 있을 때 되도록 빨리 부동산 투자를 시작해야 한다.

'눈덩이 효과Snowball Effect'라는 경제학 용어가 있다. 한 줌의 눈이 산 위에서 굴러 내려가면서 점점 커져 산사태를 일으키듯이, 작은 원인이나 행위가 시간이 흐르면서 점점 더 크게 확대되는 현상을 말한다. 부동산 투자는 눈덩이 효과를 만들어 낼 수 있는 최고의 방법이다. 투자자금이라는 작은 눈덩이를 만들어 산 아래로 굴리는 수고를 감내하면, 그 작은 눈덩이는 경제적 자유라는 큰 눈덩이로 보답해 줄 것이다.

재테크의 출발은
내 집 마련이다

'주변에서 성실히 살았음에도 여의치 않다는 이야기를 많이 듣는다. 사실 그것은 일부 맞고 일부는 틀리다. 사회구조의 변화로 열심히 산다는 이유만으로 성공하기 어려운 세상이 된 것은 분명하지만 비록 그렇다 하더라도 그것이 전부는 아니다. 변화를 행하지 않기 때문이다. 변화란 성실과 근면에 버금가는 중요한 덕목이다. 스스로 최선을 다했음에도 막혔다고 여겨지거든 변화하라.'

외과 의사이자 베스트셀러 작가인 박경철 씨는 저서 《시골의사의 부자 경제학》에서 살아가는데 변화와 유연한 사고의 중요성에 대해서 역설하고 있다.

재테크 관점에서 시골의사의 역설을 생각해 보면 지금껏 재테크에 관심이 없는 사람이나 현재 재테크를 하는 사람 모두 시대와 시기의 변화에 따라 사고의 전환과 변화가 충분했는지 늘 스스로 돌아보아야 한다는 메시지를 던지고 있다.

대다수의 사람에게 재테크에 관한 사고의 전환점은 바로 내 집 마련일 것이다. 그러나 아직도 내 집 마련을 생각 못하는 사람이 많다. 이들은 '집'은 단지 거주하는 곳이지, 사는 것이 아니라는 확고한 생각을 가지고 있다. 과연 이들의 생각이 옳은 것일까?

친구 K는 분당에 살면서 아이 둘을 키우고 있다. K는 직장 근처인 분당에서 6년째 전세로 거주하고 있다. '부동산 폭락론'을 늘 가슴 깊이 신봉한 K는 요즘 가끔 전화 통화를 하면, 돈 문제 때문에 고민이 늘고 옛날 일이 후회된다고 한다. 이야기를 들어보니, 일전에 내가 K에게 집을 사라고 권유했을 때 왜 자기를 좀더 강하게 설득하지 않았느냐고 농담조로 나를 질책했다.

K가 전세로 사는 분당의 아파트는 6년이 지난 지금, 두 배가량 시세가 상승했다.

과거에 3~4억 원 수준이던 전세가도 현재 5~6억 원의 시세를 형성하고 있다. K가 사는 아파트의 6년 전 실거래 된 시세는 4~5억 원 수준이었는데, K가 그 아파트를 6년 전에 매수했으면 지금쯤 약 5억 원 정도의 시세차익이 발생했다. 안타깝게 K는 2년 만에 또 오른 추가 전세금 마련을 고민해야 하는 처지에 있다.

주위에 K처럼 생각하는 사람이 아직도 많다. 이들은 주로 언론에 나오는 부동산 관련 기사를 보고 집을 살 때인지 아닌지를 판단한다. 언론에서 주택 가격의 하락 기사가 나면, 집은 이제 더이상 투자 대상이 아니라고 확신한다. 그리고 자신은 실거주 만이 목적이기 때문에 언제 더 하락할지 모르는 집에 큰돈을 투자할 수 없다고 이야기 한다.

다른 어떤 사람은 조금 더 기다리면 더 싼 집이 나올 텐데 지금 사서 손해 보는 게 아닐까 걱정하면서 한편으로 집값이 떨어지지 않고 오히려 더 오르면 어쩌나 걱정을 동시에 한다.

결국 지금 집을 사면 집값이 떨어질 것 같고, 안 사면 오를 것 같아서 이러지도 저러지도 못하는 것이다.

왜 집값 고민을 계속할까? 가장 큰 이유는 경제와 자본주의 시스템을 이해하지 못하고 오직 집값에만 초점을 맞추고 있기 때문이다. 인플레이션의 역사와 은행의 신용창조 등의 개념을 이해했으면 똑같은 실수를 되풀이하지 않는다.

나는 K에게 왜 부동산 가격이 장기적으로는 오를 수밖에 없는지 자주 설명 해주었다. 하지만 K의 생각은 쉽게 변하지 않았다. 자신은 지금 집을 살 만한 충분한 돈도 없고, 집값은 앞으로 더 떨어질 수 있다는 자신의 생각을 고수했다.

사람은 스스로 변화하지 않으면 주위의 어떤 말도 잘 들리지 않는다. 사람의 인생이 바뀌는 문제는 생각과 의식의 전환이 선행되지 않으면 불가능하다.

사람이 살아가는 데 가장 중요한 요소 한 가지만을 꼽으라면, 나는 주저 없이 통찰력이라고 대답할 것이다. 통찰력이란 문제나 사물의 본질을 꿰뚫어 보는 능력이다. 살다보면 무수히 많은 문제를 맞닥뜨린다. 이때 문제의 본질과 정확한 원인을 파악하지 못하면 적절한 해결책을 찾지 못하고 시행착오와 고통을 겪는다.

예를 들어 '집값 폭등의 원인은 투기세력 때문이다' '이미 주택 보급률이 100%가 넘었기 때문에 집값은 곧 떨어진다' 등의 주장은 통찰력 있는 분석이 아니다. 이것은 섣부른 오류에 가깝다. 액면 그대로 의미는 틀리지 않지만, 부동산 가격이 오르는 근본 원인과 거리가 멀다는 뜻이다.

단편적인 몇 가지 원인으로 사회, 경제, 금융, 세계정세 등이 거미줄처럼 엮인 부동산 시장을 정확히 진단할 수 없다.

주거의 안정
삶의 원동력

잘못되고 어설픈 주장을 근거로 삼아 집값과 부동산 시장을 판단함으로써 자신에게 온 일생일대의 기회가 날아가 버리고 후회만 남게 된다.

통찰력이 결여된 잘못된 판단과 믿음은 뛰어난 전문가의 의견조차 거짓처럼 느껴지도록 만든다. 사람은 무지할수록 생각의 유연성은 더 떨어진다.

다양한 관점의 생각을 선택할 폭이 좁기 때문이다.

또 통찰력이 결여된 얕은 지식으로 투자에 나서면 적절한 투자처와 시기를 놓치거나, 반대로 신중해야 할 투자는 오히려 성급하게 투자를 감행해 실패를 맛볼 확률도 높아진다.

무지함이 위험하지만 때로는 어설픈 지식이 더 위험하다. 어설픈 지식은 잘못된 확신을 낳는다. 내 집 마련에 잘못된 믿음은 종합적인 사고가 결여된 지식에서 비롯된다. 눈에 보이는 현상과 어떤 사물의 진면목을 보려면 먼저 나와 반대되는 생각과 의견에 대한 면밀한 분석과 고찰이 필요하다. 즉 편협한 사고방식을 버리고 열린 마음으로 다양한 의견을 경청하고 학습하는 자세가 필요하다.

투자 고수는 경험이 많을수록 오히려 투자에 대한 두려움도 더 커지고 겸손해진다고 말한다. 성공뿐 아니라 많은 실패도 경험했기에 예전에는 미처 발견하지 못한 리스크까지 볼 수 있게 되었기 때문이다. 부동산을 보는 통찰력이 높아지면서 역설적으로 자신의 부족한 점을 더 명확하게 알게 된다.

삶에서 가장 중요한 것 중 하나가 바로 주거의 안정이다. 내 집을 마련해야 하는 가장 중요한 이유다. 내 집 마련은 집값의 오르내림으로만 판단할 것이 아니다. 나와 가족의 주거가 안정되지 않으면 늘 불안하게 살 수밖에 없다. 내 소유의 집이 생기면 더이상 2년마다 이사를 해야 할지 고민하지 않고, 추가 전세금을 마련하는 고민을 하지 않아도 된다.

또한 월세를 낼 돈으로 저축을 해서 종잣돈을 더 모을 수 있고, 거기에 집값 상승이라는 보너스까지 있으면 일석이조一石二鳥가 된다. 혹여 집값이 떨어져도 더 편안하게 받아들일 수 있다.

집값의 등락과 상관없이 모든 사람은 반드시 거주할 공간이 필요하기 때문이다.

내 집을 가졌을 때 불리한 요소가 있다고 생각하는가? 늘 불안해하면서 전월세를 사는 것에 비하면 천국과 같은 생활이다. 집에 못하나도 맘대로 박지 못하는 세입자의 처지는 심적 안정을 기대하기란 어렵다.

신입사원이던 시절, 전세 원룸에서 힘들게 산 기억이 아직도 생생하다. 내 집이 아니니 언제 이사를 갈지 몰라 가전이나 침구류는 언제나 버리고 갈 수 있는 걸로 간소하게 구매를 할 수밖에 없었고, 수도나 보일러에 하자가 생겨도 주인이 즉각 해결해 주지 않아서 한동안 불편함을 감수하고 살 때도 있었다.

무엇보다 전세 기간이 만료되어도 집주인이 보증금을 바로 내주지 않아 제때 이사를 가지 못한 곤욕을 치러 하루라도 빨리 내 집을 마련해야겠다는 생각이 더욱 간절했다. 전세 보증금을 되돌려 받은 후 새로 이사한 곳에서는 야근하고 퇴근해 보니 낮에 도둑이 들어 내 방 현관문이 부서졌는데 집주인은 도리어 세입자인 나에게 역정을 내기도 했다. 세입자의 불편함과 곤욕스러움은 다른 곳으로 이사를 가도 별반 달라지지 않았다.

세입자의 삶은 일반적으로 고단하고 미래가 불투명하다. 내 집 마련은 부동산 투자의 영역을 벗어나 나와 내 가족의 보금자리를 마련한다는 개념으로 먼저 접근해야 한다.

집값이 더 떨어질까 무서워서 못 사겠다는 사람과 집값이 떨어지기를 기다렸다가 집을 사려는 사람이야말로 집을 재테크의 수단으로 보는 게 아닐까?

역설적으로 내 집 마련을 한 사람보다 전월세를 사는 사람이 오히려 잠재적 투기 수요자라고 말할 수 있지 않을까?

내 집 마련은 재테크나 부동산 투자이기 전에 삶의 기반을 마련하는 것이다. 삶의 기반이 마련되면 심적 안정과 더불어 다른 투자에도 여유가 생긴다.

우선 내 여건에 맞는 내 집을 마련하자.

내 집이 생기면 추가적인 종잣돈도 모을 수 있다. 그사이 집의 자산 가치는 상승해 더 살기 좋은 곳으로 옮겨 갈 기회도 생긴다. 또 내 집을 마련하는 과정에서 부동산 투자에 관한 지식과 실전 경험을 습득하는 기회를 얻는다.

모든 일에는 우선순위가 있다. 재테크에서 출발점은 반드시 내 집 마련이라는 것을 기억하자.

 POINT

부동산 버블은 진짜 존재할까?

서울 강남 아파트 가격은 비강남권에서 볼 때 '버블'로 보여질 수 있다. 그러나 부동산이라는 상품은 그 희소가치와 상징성으로 인해 비싼 가격에도 불구하고 그 돈을 기꺼이 지불하려는 구매자가 존재하는 한 '버블'이라는 단어는 적절하지 않아 보인다. '돈이 몰린다'는 표현이 좀더 현실에 부합하는 표현이 아닐까 생각한다.

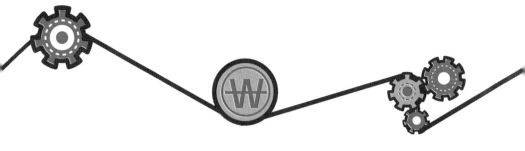

우리가 부자로 살아야 하는 이유

당신은 부자에 대해 어떤 생각을 가지고 있는가? 먹고살 만큼 있으면 되지, 꼭 부자가 될 필요는 없다고 생각하는가? 아니면 부자가 되기에 너무 늦었다고 생각하는가?

무소유의 삶을 사는 사람을 제외한 대부분의 사람은 자신도 부자가 됐으면 좋겠다는 생각을 가지고 있을 것이다. 단지 각 개인의 여러 삶의 목표 중에서 부자가 되려는 목표의 우선순위가 개인마다 조금씩 다를 뿐이다.

사람은 사는데 돈이 꼭 필요하다.

혹자는 자신이 받은 월급만으로 충분히 만족하고 더이상 욕심이 없다고 말한다. 그러나 이는 월급을 받지 못할 상황, 살면서 예상치 못하게 또는 감당할 수 없는 큰돈이 필요한 상황은 전혀 고려하지 않은 이야기이다.

사실 현대 사회에 사는 우리들은 과거의 어느 시대와 비교할 수 없을 만큼 물질적으로 풍요롭고 편리한 삶을 살고 있다. 하지만 대부분의 사람은 여전히 힘들고 고되게 산다고 느낀다. 경제적, 시간적 자유는 더 속박당하고 있기 때문이다. 풍요로움은 넘치는데 풍요를 즐길 돈과 시간이 부족하다.

현대인은 돈을 벌기 위해 자신의 소중한 인생의 시간을 팔고 있다. 어떤 사람은 돈만 많이 벌면 자신의 시간뿐 아니라 양심까지도 팔 수 있다고 말한다.

돈이 도대체 무엇이기에 소중한 시간을 바치고 양심마저 버리는 것일까? 과연 돈에서 자유로운 인생을 사는 방법은 무엇일까? 돈을 멀리하고 무소유의 세계로 들어가는 것이 유일한 해결 방법일까? 아니면 돈을 아주 많이 벌어 부자가 되는 것이 최선의 방법일까? 돈을 극복했다는 점에서는 둘 다 정답일 수 있다. 하지만 양쪽 모두 달성하기 쉽지 않은 공통점이 있다.

당신이 무소유의 삶에 관심이 없는 사람이라면, 세상의 '돈 문제'에서 자유로울 방법은 부자가 되는 것뿐이다.

나는 부와 가난에 관한 철학적인 이야기를 하려는 게 아니다. 사람은 이데아의 세계가 아닌 현실의 세계에 살고 있다. 우리는 한 번뿐인 삶을 행복하게 살 권리와 의무가 있고 한정된 시간을 최대한 행복하게 살기 위해 최선을 다해야 한다.

그런 의미에서 나는 인생을 행복하기 살기 위한 첫째 조건은 부자가 되는 것이라고 생각한다. 그것은 나 자신뿐 아니라 가족과 주위 사람 모두 함께 행복해지는 방법이다. 돈에서 자유로운 사람은 아무도 없다.

돈은 마치 당신이 숨 쉬는 공기와 같다.

아침에 눈을 뜨고 밤에 잠자리에 드는 순간까지 계속 돈을 쓰고 있다. 심지어 자고 있는 순간에도 월세라는 돈이 빠져나가고 있다. 또한 나와 가족을 위한 공부, 취미활동, 여행 등 행복을 주는 모든 활동에 돈이 들어간다.

돈은 살아가기 위한 일종의 에너지와 같다. 공기와 마찬가지로 사람은 돈이라는 에너지가 없으면 단 하루도 살 수 없다. 그러므로 타인에게 해를 끼치지 않는 범위 내에서 필요한 에너지를 최대한 많이 확보하는 것은 아주 중요한 문제다.

일본인 3명다케다 히데노리 외 2명으로 구성된 윈클럽의 공동저서인《유대인 대부호에게 배우는 '부자가 되는 습관'》을 보면, 유대인의 돈에 관한 생각을 읽을 수 있다. 유대인은 돈이란 신이 주신 선물이며 단지 도구에 지나지 않는 믿음을 가지고 있다. 유대인은 돈을 벌 기회가 오면 즉시 철저히 파고들며 사적인 감정은 개입하지 않는다. 또한 돈은 세상을 다루게 해주는 보증수표며 돈이 충분하면 세상의 8할 이상의 행복을 살 수 있다고 믿는다.

세계 인구의 0.2%밖에 되지 않는 유대인이 지금까지 세계 금융시장을 장악하는 이유는 인간의 돈 버는 행위를 삶에 필요한 에너지를 확보하는 차원으로 받아들이고 선악의 개념을 적용하지 않기 때문이다.

풍요와 행복을 위해
돈은 꼭 필요한 것

풍요를 추구하는 것은 인간의 숙명이자 의무이다. 풍요를 위해서 돈은 꼭 필요하다. '돈이 인생의 전부가 아니다' '돈으로는 행복을 살 수는 없으니, 돈에 대한 욕심을 버려라'는 세상 사람의 말은 지극히 이율배반적이다.

'돈은 에너지다'라는 관점에서 보면 돈이 얼마 있어야 행복하냐보다 어떻게 사용하느냐의 관점이 중요하다. 행복한 삶을 위한 수단으로써 돈을 모으고 부자가 되려는 것이다.

주위에서 부를 이룬 사람과 이루지 못한 사람을 비교해 보면 확연히 사고방식의 다름을 느낀다.

부자는 돈은 좋은 것이고 자신의 의지에 따라 언제든 충분한 돈을 벌 수 있다는 확고한 생각을 가지고 있으며 대체로 긍정적이다.

가난한 사람은 '돈은 너무 많아도 좋은 것이 아니다' '돈 벌기가 세상에서 제일 어렵다' '더 많이 가진 자들 때문에 세상이 불공평하다'라는 말을 자주 한다.

그리고 정부나 고용주, 주위 사람에게 늘 비판적이고 매사에 부정적이다.

내가 하려는 말은 '돈을 바라보는 긍정적인 생각'의 중요성이다. 즉 '돈은 좋은 것이다'라는 내면의 생각 없이 부자가 되기 어렵다는 것을 이해해야 한다. 또한 돈을 바라보는 생각과 부를 대하는 태도의 차이가 바로 빈부의 격차를 만든다는 것이다.

동서고금을 통해 분명하고 검증된 사실은 '돈과 부는 자신의 사고방식에 달렸다'라는 것이다. 자신에게 오는 행운과 기회를 막는 것은 다름 아닌 자신의 부정적인 생각들이다.

부자가 되려면 부자가 된 사람을 진심으로 칭찬하고 노하우를 배우고 실천해야 한다.

하지만 가난한 사람 대부분은 부자가 된 사람을 시기하고 비판한다. 겉으로 부자를 칭찬하지만, 속으로 단지 운이 좋았을 뿐이라고 생각한다. 그래서 재테크 강의를 들으러 가는 대신에 운을 바라고 로또를 사러간다.

주위에 부자와 그렇지 않은 사람의 사고방식의 차이를 직접 비교해 보기 바란다. 그리고 자신의 사고방식은 지금 어떻고, 주위 사람들과는 어떻게 다른지 진단해 본 후 부에 대한 생각을 더 긍정적이고 건설적으로 전환하는 시간을 가져보자.

진심으로 부자가 되려면, 먼저 내면에 존재하는 돈과 부자에 대한 부정적인 생각을 버려야 한다. 부자는 좋은 것이다. 오늘부터 부자를 존경하고, 좋게 생각하고, 배우려고 노력하자. 모든 성공의 출발점은 주어진 상황을 긍정적으로 받아들이고 필요한 지식을 하나씩 배워가는 데 있다.

우리는 자본주의 사회에 살고 있다. 자본주의 사회에 살게 된 것은 내가 선택한 것이 아니다. 하지만 자본주의 사회에서 부자로 살겠다는 의지는 내가 선택할 수 있다.

자본주의에서 부자는 자본을 지배할 수 있는 위치에 서게 된다는 의미다. 즉 자본을 지배함으로써 자신의 소중한 시간을 지켜낼 수 있는 것이다.

우리에게 선택권이 없는 사회 체제와 같은 환경적 요인을 지나치게 부정적으로 바라보지 말자. 부정적인 생각 자체가 우리를 사회에 적응하지 못하게 만들기 때문이다. 돈 즉 자본은 에너지에 불과하다. 지금의 현실을 심각하게 받아들이거나 부정적으로 바라보지 말고, 미래의 풍요와 행복을 위해서 꼭 필요한 '돈'이라는 에너지를 많이 확보하는 방법을 모색하자.

부자가 된다는 것은 자신의 시간을 돈으로 살 수 있고 그렇게 만들어진 소중한 시간을 온전히 자신과 소중한 가족 그리고 멋진 친구들을 위해서 쓸 수 있다는 의미임을 꼭 기억하자.

"나는 내가 생각하는 사람이 분명 될 수 있다는 믿음, 그리고 나 자신에 대한 사랑, 이 두 가지 가치를 깊게 내 안에 받아들여야 한다. 이 두 가지를 받아들이면 운명이 바뀌기 시작한다. 자신에 대한 자긍심이 자신을 불러일으키는 것이다."

−김승호의 《알면서도 알지 못하는 것들》 중에서−

누구나 쉽게 따라 할 수 있는 재테크

부동산 투자술

2021년 2월 15일 1판1쇄 발행

지은이 진우(眞友)
펴낸이 최봉규

책임편집 서이석
북코디 밥숟갈(최수영)
교정교열 주항아
디자인 공간42
마케팅 김낙현

펴낸곳 지상사(청홍)
출판등록 2002년 8월 23일 제2017-000075호

주소 서울 용산구 효창원로64길 6(효창동) 일진빌딩 2층
우편번호 04317
전화번호 02)3453-6111 팩시밀리 02)3452-1440
홈페이지 www.jisangsa.co.kr
이메일 jhj-9020@hanmail.net

대입-편입 논술에 꼭 나오는 핵심 개념어 110

김태희

논술시험을 뚫고 그토록 바라는 대학에 들어가기 위해서는 논술 합격의 첫 번째 관문이자 핵심 해결 과제의 하나인 올바른 '개념화'의 능력이 필요하다. 이를 위해서는 관련한 최소한의 배경지식을 습득해야 하는데, 이는 거창한 그 무엇이 아니다. 논술시험에 임했을 때…

값 27,000원 신국판(153*225) 512쪽
ISBN978-89-6502-296-1 2020/12 발행

독학 편입논술

김태희

이 책은 철저히 편입논술에 포커스를 맞췄다. 편입논술 합격을 위해 필요한 많은 것들을 꾹꾹 눌러 채워 넣었다. 전체 8장의 단원으로 구성되었지만, 굳이 순서대로 공부할 필요는 없다. 각 단원을 따로 공부하는데 불편함이 없도록, 겹겹이 그리고 자세히 설명했다.

값 45,500원 사륙배판(188*257) 528쪽
ISBN978-89-6502-282-4 2018/5 발행

입신이 본 입시 명문고의 진학비책

김혜남

학종에 대한 일선 고등학교의 의지는 예전과 확연히 다르다. 진학역량이 남다른 학교의 프로그램을 벤치마킹하면서 다양한 프로그램을 설치하여 학생들의 역량과 끼를 발산하도록 유도한다. 수학과학경시대회는 기본이고 각 교과별 활동과 관련된 경시대회도 기본이다.

값 14,800원 신국판(153*225) 252쪽
ISBN978-89-6502-270-1 2017/3 발행

창의융합 교실 허생전을 파破하다

한민고등학교 창의융합팀

'단순하게는 여러 학문 영역을 균형 있게 이수하도록 하는 수준에서부터, 교과 내 및 교과 간 연계성을 높여주는 교과 교육과정의 개발, 주제 통합형 교과목의 개발, 간학문적 교과목의 개발, 더 나아가 새로운 융·복합 지식을 학생들이 스스로 창출해 낼 수 있도록 했다.

값 22,000원 신국판(153*225) 287쪽
ISBN978-89-6502-202-2 2015/8 발행

학원 김익달 평전

윤상일

문화 세력의 한가운데에는 전쟁으로 온 강토가 잿더미로 변한 폐허 속에서도 꿈과 희망을 가지고 미래를 설계하고 정진한 이른바 '학원세대'가 있다. 꿈과 희망을 주기 위해 《학원》이라는 잡지를 창간함으로써 이른바 '학원세대'를 창조했다. 그 중심에는 학원 김익달이 있다.

값 24,000원 신국판(153*225) 464쪽
ISBN978-89-6502-266-4 2016/9 발행

외로움은 통증이다

오광조

몇 해 전 영국에서 외로움 담당 장관을 임명할 정도로 외로움은 이제 국가 차원의 문제가 되었다. 이 책은 여러분처럼 외로운 시대를 사는 누군가의 외로움과 고독에 대해 생각하고 정리한 내용이다. 부디 여러분의 고민에 조금이라도 도움이 되기를 바란다.

값 15,700원 신국판(153*225) 245쪽
ISBN978-89-6502-297-8 2021/1 발행

생생 경매 성공기 2.0

안정일(설마) 김민주

이런 속담이 있죠? '12가지 재주 가진 놈이 저녁거리 간 데 없다.' 그런데 이런 속담도 있더라고요. '토끼도 세 굴을 판다.' 저는 처음부터 경매로 시작했지만, 그렇다고 지금껏 경매만 고집하지는 않습니다. 경매로 시작했다가 급매물도 잡고, 수요 예측을 해서 차액도 남기고…

값 19,500원 신국판(153*224) 404쪽
ISBN978-89-6502-291-6 2020/3 발행

아직도 땅이다 :역세권 땅 투자

동은주 정원표

부동산에 투자하기 전에 먼저 생각하고 또 짚어야 할 것들을 살피고, 이어서 개발계획을 보는 눈과 읽는 안목을 기르는 방법이다. 이어서 국토와 도시계획 등 관련 개발계획의 흐름에 대한 이해와 함께, 부동산 가치 투자의 핵심이라 할 수 있는 역세권 개발 사업에 대한 설명이다.

값 17,500원 신국판(153*224) 320쪽
ISBN978-89-6502-283-1 2018/6 발행

리더의 神신 100법칙

하야카와 마사루 / 김진연

리더가 다른 우수한 팀을 맡게 되었다. 하지만 그 팀의 생산성은 틀림없이 떨어진다. 새로운 다른 문제로 고민에 휩싸일 것이 뻔하기 때문이다. 그런데 이번에는 팀 멤버를 탓하지 않고 자기 '능력이 부족해서'라며 언뜻 보기에 깨끗하게 인정하는 듯한 발언을 하는 리더도 있다.

값 15,000원 국판(148*210) 228쪽
ISBN978-89-6502-292-3 2020/8 발행

설마와 함께 경매에 빠진 사람들

안정일 김민주

경기의 호황이나 불황에 상관없이 경매는 현재 시장의 시세를 반영해서 입찰가와 매매가가 결정된다. 시장이 나쁘면 그만큼 낙찰 가격도 낮아지고, 매매가도 낮아진다. 결국 경매를 통해 수익을 얻는다는 이치는 똑같아 진다. 그래서 경매를 잘하기 위해서는…

값 16,800원 신국판(153*224) 272쪽
ISBN978-89-6502-183-4 2014/10 발행

자기긍정감이 낮은 당신을 곧바로 바꾸는 방법

오시마 노부요리 / 정지영

자기긍정감이 높은 사람과 낮은 사람의 특징을 설명하고, 손쉽게 자기긍정감을 올려서 바람직한 생활을 할 수 있는 방법을 소개하고자 한다. 이 책을 읽고 나면 지금까지 해온 고민의 바탕에 낮은 자기긍정감이 있다는 사실을 알고 모두 눈이 번쩍 뜨일 것이다.

값 12,800원 사륙판(128*188) 212쪽
ISBN978-89-6502-286-2 2019/2 발행

골프가 인문학을 만나다

이봉철

인생은 길과 같은 것이다. 또 골프는 인생의 축소판이다. 변신과 긴장, 요동치는 롤러코스트, 포기하지 않아야 한다. 골프평론가 그랜트 랜드 라이스는 골프에서의 테크닉은 겨우 2할에 불과하다. 나머지 8할은 철학, 유머, 로맨스, 멜로드라마, 우정, 고집 그리고 회화이다.

값 17,000원 신국판(153*225) 304쪽
ISBN978-89-6502-285-5 2018/8 발행

영업은 대본이 9할

가가타 히로유키 / 정지영

이 책에서 전달하는 것은 영업 교육의 전문가인 저자가 대본 영업 세미나에서 가르치고 있는 영업의 핵심, 즉 영업 대본을 작성하고 다듬는 지식이다. 대본이란 '구매 심리를 토대로 고객이 갖고 싶다고 "느끼는 마음"을 자연히 끌어내는 상담의 각본'을 말한다.

값 15,800원 국판(148*210) 237쪽
ISBN978-89-6502-295-4 2020/12 발행

전부, 버리면

키나카노 요시히사 / 김소영

'집도 차도 없는 괴짜 사장'의 미니멀라이프. "연 매출 1000억 원 … 생활비 빼곤 수입 대부분 기부한다. 저자에게 책을 출판하고 싶다는 오퍼가 지금까지도 셀 수 없을 만큼 왔지만, 그때마다 모두 거절했다. 전혀 흥미를 보이지 않았다는 이유는…

값 15,000원 신국판(153*224) 208쪽
ISBN978-89-6502-294-7 2020/11 발행

주식의 神신 100법칙

이시이 카츠토시 / 오시연

당신은 주식 투자를 해서 좋은 성과가 나고 있는가? 서점에 가보면 '주식 투자로 1억을 벌었느니 2억을 벌었느니' 하는 책이 넘쳐나는데, 실상은 어떨까? 실력보다는 운이 좋아서 성공했으리라고 생각되는 책도 꽤 많다. 골프 경기에서 홀인원을 하고 주식 투자로 대박을 낸다.

값 15,500원 국판(148*210) 232쪽
ISBN978-89-6502-293-0 2020/9 발행

세상에서 가장 쉬운 통계학 입문

고지마 히로유키 / 박주영

이 책은 복잡한 공식과 기호는 하나도 사용하지 않고 사칙연산과 제곱, 루트 등 중학교 기초수학만으로 통계학의 기초를 확실히 잡아준다. 마케팅을 위한 데이터 분석, 금융상품의 리스크와 수익률 분석, 주식과 환율의 변동률 분석 등 쏟아지는 데이터…

값 12,800원 신국판(153*224) 240쪽
ISBN978-89-90994-00-4 2009/12 발행

세상에서 가장 쉬운 베이즈통계학 입문

고지마 히로유키 / 장은정

베이즈통계는 인터넷의 보급과 맞물려 비즈니스에 활용되고 있다. 인터넷에서는 고객의 구매 행동이나 검색 행동 이력이 자동으로 수집되는데, 그로부터 고객의 '타입'을 추정하려면 전통적인 통계학보다 베이즈통계를 활용하는 편이 압도적으로 뛰어나기 때문이다.

값 15,500원 신국판(153*224) 300쪽
ISBN978-89-6502-271-8 2017/4 발행

만화로 아주 쉽게 배우는 통계학

고지마 히로유키 / 오시연

비즈니스에서 통계학은 필수 항목으로 자리 잡았다. 그 배경에는 시장 동향을 과학적으로 판단하기 위해 비즈니스에 마케팅 기법을 도입한 미국 기업들이 많다. 마케팅은 소비자의 선호를 파악하는 것이 가장 중요하다. 마케터는 통계학을 이용하여 시장조사 한다.

값 15,000원 국판(148*210) 256쪽
ISBN978-89-6502-281-7 2018/2 발행

통계학 超초 입문

다카하시 요이치 / 오시연

젊은 세대가 앞으로 '무엇을 배워야 하느냐'고 묻는다면 저자는 다음 3가지를 꼽았다. 바로 어학과 회계학, 수학이다. 특히 요즘은 수학 중에서도 '통계학'이 주목받는 추세다. 인터넷 활용이 당연시된 이 시대에 방대한 자료를 수집하기란 식은 죽 먹기이지만…

값 13,700원 국판(148*210) 184쪽
ISBN978-89-6502-289-3 2020/1 발행

영업의 神신 100법칙

하야카와 마사루 / 이지현

인생의 고난과 역경을 극복하기 위해서는 '강인함'이 반드시 필요하다. 내면에 숨겨진 '독기'와도 같은 '절대 흔들리지 않는 용맹스러운 강인함'이 있어야 비로소 질척거리지 않는 온화한 자태를 뽐낼 수 있고, '부처'와 같은 평온한 미소로 침착하게 행동하는 100법칙이다.

값 14,700원 국판(148*210) 232쪽
ISBN978-89-6502-287-9 2019/5 발행

돈 잘 버는 사장의 24시간 365일

고야마 노보루 / 이지현

흑자를 내는 사장, 적자를 내는 사장, 열심히 노력하는 직원, 뒤에서 묵묵히 지원하는 직원, 일을 잘하는 사람, 일을 못하는 사람 등 누구에게나 하루에 주어진 시간은 '24시간'이다. 이 책이 중소기업의 생산성을 높이는 데, 조금이나마 도움이 된다면 더 큰 바람은 없을 것이다.

값 14,500원 국판(148*210) 208쪽
ISBN978-89-6502-288-6 2019/8 발행

공복 최고의 약

아오키 아츠시 / 이주관 이진원

저자는 생활습관병 환자의 치료를 통해 얻은 경험과 지식을 바탕으로 다음과 같은 고민을 하게 되었다. "어떤 식사를 해야 가장 무리 없이, 스트레스를 받지 않으며 질병을 멀리할 수 있을까?" 그 결과, 도달한 답이 '공복'의 힘을 활용하는 방법이었다.

값 14,800원 국판(148*210) 208쪽
ISBN978-89-90116-00-0 2019/11 발행

의사에게 의지하지 않아도 암은 사라진다

우쓰미 사토루 / 이주관 박유미

암을 극복한 수많은 환자를 진찰해 본 결과 내가 음식보다 중요시하게 된 것은 자신의 정신이며, 자립성 혹은 자신의 중심축이다. 그리고 왜 암에 걸렸는가 하는 관계성을 이해하는 것이다. 자신의 마음속에 숨어 있는 것이 무엇인지, 그것을 먼저 이해할 필요가 있다.

값 15,300원 국판(148*210) 256쪽
ISBN978-89-90116-88-8 2019/2 발행

혈관을 단련시키면 건강해진다

이케타니 토시로 / 권승원

이 책은 단순히 '어떤 운동, 어떤 음식이 혈관 건강에 좋다'를 이야기하지 않는다. 동양의학의 고유 개념인 '미병'에서 출발하여 다른 뭔가 이상한 신체의 불편감이 있다면 혈관이 쇠약해지고 있는 신호임을 인지하길 바란다고 적고 있다. 또한 관리법이 총망라되어 있다.

값 13,700원 사륙판(128*188) 228쪽
ISBN978-89-90116-82-6 2018/6 발행

얼굴을 보면 숨은 병이 보인다

미우라 나오키 / 이주관 오승민

미우라 클리닉 원장인 미우라 나오키 씨는 "이 책을 읽고 보다 많은 사람이 자신의 몸에 관심을 가졌으면 하는 바람입니다. 그리고 이 책이 자신의 몸 상태를 파악하여 스스로 자신의 몸을 관리하는 방법을 배우는 계기가 된다면 이보다 더 큰 기쁨은 없을 것"이라고 했다.

값 13,000원 신국판(153*225) 168쪽
ISBN978-89-90116-85-7 2019/1 발행

영양제 처방을 말하다

미야자와 겐지 / 김민정

인간은 종속영양생물이며, 영양이 없이는 살아갈 수 없다. 그렇기 때문에 영양소가 과부족인 원인을 밝혀내다 보면 어느 곳의 대사회로가 멈춰 있는지 찾아낼 수 있다. 영양소에 대한 정보를 충분히 활용하여 멈춰 있는 회로를 다각도에서 접근하여 개선하는 것에 있다.

값 14,000원 국판(148*210) 208쪽
ISBN978-89-90116-05-5 2020/2 발행

우울증 먹으면서 탈출

오쿠다이라 도모유키 / 이주관 박현아

매년 약 1만 명 정도가 심신의 문제가 원인이 되어 자살하고 있다. 정신의학에 영양학적 시점을 도입하는 것이 저자의 라이프워크이다. 음식이나 영양에 관한 국가의 정책이나 지침을 이상적인 방향으로 바꾸고 싶다. 저자 혼자만의 힘으로 이룰 수 없다.

값 14,800원 국판(148*210) 216쪽
ISBN978-89-90116-09-3 2019/7 발행

경락경혈 103, 치료혈을 말하다

리즈 / 권승원 김지혜 정재영 한가진

경혈을 제대로 컨트롤하면 일반인들의 건강한 생활을 도모할 수 있음을 정리하였다. 이 책은 2010년에 중국에서 베스트셀러 1위에 올랐을 정도로 호평을 받았다. 저자는 반드시 의사의 힘을 빌릴 것이 아니라 본인 스스로 매일 일상생활에서 응용하여 건강하게 살 수 있다.

값 27,000원 신국판(153*225) 400쪽
ISBN978-89-90116-79-6 2018/1 발행

심장 · 혈관 · 혈압 고민을 해결하는 방법

미나미 카즈토모 / 이주관 오시연

가장 흔한 질병은 고혈압이다. 고혈압 후보까지 합치면 60세 이상 중 절반이 심혈관 질환에 관련된 어떤 증상을 앓고 있다. 저자는 이 책을 심혈관 계통 질환에 시달리는 사람과 그 질환에 걸릴까봐 불안한 사람에게 직접 조언하는 심정으로 썼다고 한다.

값 13,500원 사륙판(128*188) 200쪽
ISBN978-89-90116-06-2 2019/11 발행

무릎 통증은 뜸을 뜨면 사라진다!

가스야 다이치 / 이주관 이진원

뜸을 뜨면 그 열기가 아픈 무릎을 따뜻하게 하고, 점점 통증을 가라앉게 해준다. 무릎 주변의 혈자리에 뜸을 뜬 사람들은 대부분 이와 비슷한 느낌을 털어놓는다. 밤에 뜸을 뜨면 잠들 때까지 온기가 지속되어 숙면할 수 있을 뿐 아니라, 다음날 아침에도 몸이 가볍게 느껴진다.

값 13,300원 신국변형판(153*210) 128쪽
ISBN978-89-90116-04-8 2020/4 발행

침구진수鍼灸眞髓

시로타 분시 / 이주관

이 책은 선생이 환자 혹은 제자들과 나눈 대화와 그들에게 한 설명까지 모두 실어 침구치료술은 물론 말 한 마디 한 마디에 담겨 있는 사와다 침구법의 치병원리까지 상세히 알 수 있다. 마치 사와다 선생 곁에서 그 침구치료법을 직접 보고 듣는 듯한 생생한 느낌을 받을 수 있을 것이다.

값 23,000원 크라운판(170*240) 240쪽
ISBN978-89-6502-151-3 2012/9 발행

피곤한 몸 살리기

와다 겐타로 / 이주관 오시연

피로를 느낄 때 신속하게 그 피로를 해소하고 몸을 회복시키는 여러 가지 방법을 생활 습관과 심리적 접근법과 함께 다루었다. 또 식생활에 관해 한의학적 지식도 덧붙였다. 여기서 전하는 내용을 빠짐없이 실천할 필요는 없다. 자신이 할 수 있을 만한 것을…

값 13,500원 사륙판(128*188) 216쪽
ISBN978-89-90116-93-2 2019/6 발행

수수께끼 같은 귀막힘병 스스로 치료한다

하기노 히토시 / 이주관 김민정

고막 안쪽이 '중이'라고 불리는 공간이다. 중이에는 코로 통하는 가느다란 관이 있는데, 이것이 바로 이관이다. 이관은 열리거나 닫히면서 중이의 공기압을 조절하는 역할을 하는데, 이 이관이 개방되어 있는 상태가 지속되면 생기는 증상이 이관개방증이다.

값 14,000원 국판(148*210) 184쪽
ISBN978-89-90116-92-5 2019/6발행

당뇨병이 좋아진다

미즈노 마사토 / 이주관 오승민

당질제한을 완벽하게 해낸 만큼 그 후의 변화는 매우 극적인 것이었다. 1년에 14kg 감량에 성공했고 간(肝)수치도 정상화되었다. 그뿐만 아니라 악화일로였던 당화혈색소도 기준치 한계였던 5.5%에서 5.2%로 떨어지는 등 완전히 정상화되었다. 변화는 그뿐만이 아니었다.

값 15,200원 국판(148*210) 256쪽
ISBN978-89-90116-91-8 2019/5 발행

약에 의존하지 않고 콜레스테롤 중성지방을 낮추는 방법

나가시마 히사에 / 이주관 이진원

일반적으로 사람들은 콜레스테롤과 중성지방의 수치가 높으면 건강하지 않다는 생각에 낮추려고만 한다. 하지만 혈액 검사에 나오는 성분들은 모두 우리 인간의 몸을 이루고 있는 중요한 구성 물질들이다. 이 책은 일상생활에서 스스로 조절해 나가기 위한 지침서다.

값 13,800원 사륙판(128*188) 245쪽
ISBN978-89-90116-90-1 2019/4 발행

혈압을 낮추는 최강의 방법

와타나베 요시히코 / 이주관 전지혜

저자는 고혈압 전문의로서 오랜 임상 시험은 물론이고 30년간 자신의 혈압 실측 데이터와 환자들의 실측 데이터 그리고 다양한 연구 논문의 결과를 책에 담았다. 또 직접 자신 혈압을 재왔기 때문에 혈압의 본질도 알 수 있었다. 꼭 읽어보고 실천하여 혈압을 낮추길 바란다.

값 15,000원 국판(148*210) 256쪽
ISBN978-89-90116-89-5 2019/3 발행

경락경혈 피로 처방전

후나미즈 타카히로 / 권승원

경락에는 몸을 종으로 흐르는 큰 경맥과 경맥에서 갈려져 횡으로 주행하는 낙맥이 있다. 또한 경맥에는 정경이라는 장부와 깊은 관련성을 가지는 중요한 12개의 경락이 있다. 장부란 한의학에서 생각하는 몸의 기능을 각 신체 장기에 적용시킨 것이다.

값 15,400원 국판(148*210) 224쪽
ISBN978-89-90116-94-9 2019/9 발행

脈診術 맥진술

오사다 유미에 / 이주관 전지혜

사람들이 일상생활 속에서 스스로 혈류 상태를 확인할 수 있는 단 한 가지 방법이 있다. 그것은 바로 '맥진'이다. 맥진으로 맥이 빠른지 느린지, 강한지 약한지 또는 깊은지 얕은지를 알 수 있다. 이 책의 목적은 맥진으로 정보를 읽어 들이는 방법을 소개한 책이다.

값 14,700원 국판(148*210) 192쪽
ISBN978-89-90116-07-9 2019/9 발행

만지면 알 수 있는 복진 입문

히라지 하루미 / 이주관 장은정

한약을 복용하는 것만이 '한의학'은 아니다. 오히려 그에 앞서 진단과 그 진단에 대한 셀프케어에 해당하는 양생이 매우 중요하다. 이러한 한의학 진단 기술 중 하나에 해당하는 것이 바로 복진이다. 이 책은 기초부터 복증에 알맞은 한약 처방까지 총망라한 책이다.

값 15,800원 국판(148*210) 216쪽
ISBN978-89-90116-08-6 2019/8 발행

한의학 교실

네모토 유키오 / 장은정 이주관

한의학의 기본 개념에는 기와 음양론 오행설이 있다. 기라는 말은 기운 기력 끈기 등과 같이 인간의 마음 상태나 건강 상태를 나타내는 여러 가지 말에 사용되고 있다. 행동에도 기가 관련되어 있다. 무언가를 하려면 일단 하고 싶은 기분이 들어야한다.

값 16,500원 신국판(153*224) 256쪽
ISBN978-89-90116-95-6 2019/9 발행

치매 걸린 뇌도 좋아지는 두뇌 체조

가와시마 류타 / 오시연

이 책을 집어 든 여러분도 '어쩔 수 없는 일'이라고 받아들이는 한편으로 해가 갈수록 심해지는 이 현상을 그냥 둬도 될지 불안해 할 것이다. 요즘 가장 두려운 병은 암보다 치매라고 한다. 치매, 또는 인지증(認知症)이라고 불리는 이 병은 뇌세포가 죽거나 활동이 둔화하여 발생한다.

값 12,800원 신국판변형(153*210) 120쪽
ISBN978-89-90116-84-0 2018/11 발행

치매 걸린 뇌도 좋아지는 두뇌 체조 드릴drill

가와시마 류타 / 이주관 오시연

너무 어려운 문제에도 활발하게 반응하지 않는다. 단순한 숫자나 기호를 이용하여 적당히 어려운 계산과 암기 문제를 최대한 빨리 푸는 것이 뇌를 가장 활성화한다. 나이를 먹는다는 것은 '나'라는 역사를 쌓아가는 행위이며 본래 인간으로서의 발달과 성장을 촉진하는 것이다.

값 12,800원 신국판변형(153*210) 128쪽
ISBN978-89-90116-97-0 2019/10 발행

황제내경黃帝內經 소문편素問篇

주춘차이 / 정창현 백유상 김경아

황제내경은 동양의학의 이론서 중 가장 오래된 책이며, 가히 동양의학의 원류라고 불러도 부족함이 없는 고전이다. 〈소문〉은 천인합일설, 음양오행설을 바탕으로 하여 오장육부와 경락을 통한 기혈의 순행으로 생명 활동을 유지해 나간다. 《내경》이라고도 하며, 의학오경의 하나이다.

값 22,000원 사륙배판변형(240*170) 312쪽
ISBN978-89-90116-18-5 2004/01 발행

황제내경黃帝內經 영추편靈樞篇

주춘차이 / 정창현 백유상

황제내경은 중국의 전설상의 제왕인 황제와 황제의 신하였던 기백, 뇌공 등 6명의 명의와 대화를 빌어 인간의 생명과 건강의 비밀을 논하고 있다. 〈영추〉는 81편으로 구성되어 있으며, 자법(刺法: 침놓는 법) 및 기(氣), 혈(血), 영(榮), 위(衛) 등을 계통적으로 자세히 설명하고 있다.

값 22,000원 사륙배판변형(240*170) 320쪽
ISBN978-89-90116-19-8 2004/11 발행

의역동원醫易同源 역경易經

주춘차이 / 김남일 강태의

공자가 죽책(竹册)의 끈이 수십 번 닳아서 끊어지도록 읽었다는 이 책은 풍부한 지식이 뒷받침되어 있는 역작으로 독자들의 욕구를 충족시켜 주고 있으며, 주역하면 어려운 책이라고 선입견을 가진 독자들이라도 흥미롭게 접근할 수 있도록 기초부터 쉽고 명료하게 서술되어 있다.

값 22,000원 사륙배판변형(240*170) 304쪽
ISBN978-89-90116-17-1 2003/10 발행